U0088793

臺灣歷史與文化 研究輯刊

十六編

第 10 冊

「蕃薯詩社」與「菅芒花台語文學會」之研究

關向君 著

花木蘭文化事業有限公司

國家圖書館出版品預行編目資料

「蕃薯詩社」與「菅芒花台語文學會」之研究／關向君 著 ──
初版 ── 新北市：花木蘭文化事業有限公司，2019〔民 108〕
目 2+196 面：19×26 公分
（臺灣歷史與文化研究輯刊十六編：第 10 冊）
ISBN 978-986-485-854-5（精裝）
1. 臺灣文學 2. 臺灣詩 3. 文學評論
733.08   108011625

ISBN-978-986-485-854-5

臺灣歷史與文化研究輯刊
十六編　第 十 冊   ISBN：978-986-485-854-5

「蕃薯詩社」與「菅芒花台語文學會」之研究

作　　者　關向君
總 編 輯　杜潔祥
副總編輯　楊嘉樂
編　　輯　許郁翎、王筑、張雅淋　美術編輯　陳逸婷
出　　版　花木蘭文化事業有限公司
發 行 人　高小娟
聯絡地址　235 新北市中和區中安街七二號十三樓
　　　　　電話：02-2923-1455 ／傳真：02-2923-1452
網　　址　http://www.huamulan.tw 信箱 hml810518@gmail.com
印　　刷　普羅文化出版廣告事業
初　　版　2019 年 9 月
全書字數　113427 字
定　　價　十六編 10 冊（精裝）台幣 20,000 元

版權所有 · 請勿翻印

「蕃薯詩社」與「菅芒花台語文學會」之研究

關向君　著

作者簡介

關向君
現任臺南市鹽水區杦頭港國小校長
1969 年生於臺南佳里
臺南大學國語文學系教學碩士
嘉義師專 79 級

提　要

　　本研究旨在探討成立於 1990 年代，台灣本土語言社團中純文學組織的「蕃薯詩社」及「菅芒花台語文學會」的發展及其活動，包括成立過程、宗旨、出版刊物、推行活動及作家作品等，藉以了解二者在我國台語文學運動中的地位及其影響。

　　藉由蒐集「蕃薯詩社」及「菅芒花台語文學會」所出刊的各式文本包括《蕃薯詩刊》、《菅芒花詩刊》及《菅芒花台語文學》等三份文學刊物，以及報章雜誌等相關報導、所舉辦的推廣活動、期刊論文、學位論文等文獻資料，本研究採行文本分析法、歷史研究法、歸納法及比較研究法等方法，以達成上述研究目的。

　　研究結果顯示，「蕃薯詩社」和「菅芒花台語文學會」，無論在成立宗旨或文學主張上，均有著強烈的台灣意識，期望藉由台語文學的提倡與推廣，連結語言、土地與台灣意識，以建立具有台灣民族精神的台灣文學作品。

　　在所出刊的文學文本內容分析方面，顯示出六大主題，包括「台灣意識」、「土地眷顧」、「政治批判」、「社會關懷」、「故鄉思情」及「親人憶念」等，這些寫作主題充分反映了台灣人民現實的社會生活面，對建立台灣意識有很大的幫助。

　　在文學主張及台語文學書寫方面，三個刊物中顯示「建立台語文化的主體性」及「尊重多語言的文學創作環境」等文學主張，及實踐反映台灣社會寫實的目標下，台語文學是一個極為多元、多文類的文學集體。

　　在文學的推廣方面，「蕃薯詩社」和「菅芒花台語文學會」因成立在解嚴之後，少了官方禁錮的力量，民間力量開始復甦，採取的是多元化的推廣方式，來擴大與社會的接觸面。

　　最後，在文學社群的組成上也顯示，「蕃薯詩社」和「菅芒花台語文學會」，在新舊世代台語文學作家之間，並非彼此孤立的發展或斷裂無關，而是一種前後提攜，相互傳繼的關係，而共同跨過世紀台語文學之路。

目
次

第一章 緒 論

　　一個人，一個集團，一個民族，到了忘記他的土生土長，到了
不能對他土生土長之地分給一滴感情，到了不能從他的土生土長中
吸取一滴生命的泉水，則他將忘記一切，便是對一切無情，將從任
何地方都得不到真正的生命。──徐復觀〔註1〕

第一節　研究動機和目的

　　對土地的感情是人類最自然的情感流露，這種感情卻可能在有計畫的教
育下受到扭曲、忽視，甚至淡忘。在過去幾百年來的歷史中，外來的統治者，
不停地透過教導不屬於台灣土地的教育內容，企圖轉移台灣人民對安身立命
母土的了解、認同和感受能力。這種外在教育的模式要能達成目的的主要手
段之一，就是禁止發源於土地的語言和文字的使用，當人民失去用以描繪土
地情感的語言和文字時，這種情感就不能透過一代一代的累積，增加它的厚
實度和濃烈感，更無法超越個人的經驗層面，回歸文字所起始的歷史場景，
去形成集體意識和行動。

　　換句話說，要喚醒台灣人民對土地情感的重新認同和感受力，首要的任
務是去提倡本土語言和文字的使用，讓人民從日常使用的語言文字中，汲取
對土地的感情與智慧，進而重新去累積開創屬於各世代對土地的感情與智
慧。在過去的台灣歷史中，很多的本土運動，都表現出這樣的努力，就像三〇
和七〇年代兩次的鄉土文學論戰，對什麼是台灣的鄉土文學及蘊釀的內涵都有

〔註1〕徐復觀著，〈誰賦豳風七月篇：農村的記憶〉，《學術與政治之間》，臺北：學
　　　生書局。1980年，頁72。

過深刻的討論,透過不同立場的相互激盪,更加凸顯出台灣鄉土文學的獨特性。然而這些努力受限於當時政治與外來文化的壓制,未能及時發揮效用。及至 1987 年戒嚴令廢除,才解開了束縛本土文學發展的韁繩,並且隨著政治的持續開放以及經濟的繁榮,多元化的差異漸漸讓社會接受。在這樣的背景下,「台灣文學」在八〇年代開始浮上檯面,配合台語文學和台語文字化運動,炒熱了戰後「台灣話文運動」。

　　進入九〇年代,台語文學呈現更多元的主題與更精進的書寫技巧,質與量都極為可觀。這和許多母語社團相繼成立,與眾多台語文學雜誌的創刊有著極大的關係,這些社團與刊物在台語文推動和培養文學創作者兩方面,皆發揮了關鍵性的作用。

　　台南做為台灣古都,是早期台灣政治經濟重鎮,更是文化發源地,在台語文學的發展過程中,亦同樣扮演著重要的角色,不僅首創具組織的台語文學社團,更發行文學集刊提供發表園地,無形中也培養了許多台語文學家,成為台語文學發展的里程碑。

　　成立於 1991 年的「蕃薯詩社」,在眾多愛好台語文學的人士的倡議下,由林宗源出任首任社長,稟持著「以本土語言創造正統台灣文學」為創社宗旨,致力於台語文學理論的建構,為台語文學的創作奠立基礎,成為本土語言社團中的純文學性的組織。林央敏即相當推崇「蕃薯詩社」的貢獻:「純就台語文學運動,從進入九〇(1990)年代到目前為止的前半葉中,蕃薯詩社的貢獻最多,它是所有本土語言的社團中唯一純文學性的組織。」〔註 2〕。除了組織文學社外,更由黃勁連做詩刊總編輯,出版第一份台語純文學刊物《蕃薯詩刊》,無論在發刊目的、策略和建構台語文學理念等,都扮演著九〇年代台語文運動的先驅,對台語文學的發展,有著重大的開創意義及時代性的影響;1996 年《蕃薯詩刊》停刊後,它努力的成果成為一個更穩固的基石,奠下台語文學持續發展的動力。

　　1998 年由黃勁連、施炳華結合在地資源,共同向台南市政府申請成立「菅芒花台語文學會」。這個學會鼓吹「喙講父母話,手寫台語文」,秉持建立以「台語文為主體性的台灣文學」的理念為主,並擔負有母語運動、語言教學、文學創作的責任,積極深耕在地台語文學活動,辦理多場官方或民間的台語文學營與台語文學發表之夜等。該學會所出版的《菅芒花詩刊》與《菅

〔註 2〕林央敏著,《台語文學運動史論》,台北市:前衛。1997 年,頁 106。

芒花台語文學》更是多文類的刊物，培育了一群新世代同仁。例如，在創作
方面的成長，透過參加南瀛、府城文學獎的競賽，也透過地方文化機關募集
縣市作家作品的管道出書，漸漸取得作家、詩人的身份，並出版個人的新詩
專集。

　　為了能更深入了解「蕃薯詩社」和「菅芒花台語文學會」，本研究將以
「『蕃薯詩社』與『菅芒花台語文學會』之研究」為題，探討「蕃薯詩社」
及「菅芒花台語文學會」的發展及其活動，包括成立過程、宗旨、出版刊物、
推行活動及作家作品等，以了解兩者在我國台語文學運動中的地位及其影
響。

第二節　文獻探討

　　文學起源於人們在勞動處所發出的歌詠之聲，同理，因此自有台灣人起
始，就有台語文學。然而，受限於幾百年來外來政權的壓迫，這種起源於最
自然的在地文學的發展並不順利，台語文學的發展歷盡艱辛，是歷經了許多
先人的奮鬥，始有今日的發展。

　　自 1895 年清朝將台灣割讓給日本後，日語成為台灣的「國語」，甚至在
太平洋戰爭末期，隨著「皇民化教育」的推行，漢文也被禁止，台灣人民必
須完全接受外來文化的語言和文字。及至 1945 年國民黨政府接收台灣，台
灣的「國語」隨之由「日本語」轉變為「北京話」，不變的是被歸屬為「方
言」的「客家語」、「原住民語」及「福佬話」等「台語」仍在被禁止之列。
這種現象在 1987 年台灣解嚴及 1988 年第一個台灣人李登輝繼任總統以後，
才有了大的轉變，社會氛圍開始由威權逐步走向民主，政府放寬了對語言使
用的容忍度。具體的改進作法是在 1993 年版的國民小學課程標準中增列了
《鄉土教學活動》，將鄉土語言列為課程內容，從此引發了一連串的台語文
學運動。「蕃薯詩社」及「菅芒花台語文學會」參與了九○年代的台語文學運
動發展歷程，這些運動除了著眼於語言文學的訴求外，更蘊含著喚醒台灣人
民對土地情感的重新認同以及運用本土語言文字的努力。

　　本節首先將藉由對歷來專家學者發表有關「蕃薯詩社」及「菅芒花台語
文學會」的相關文獻進行整理；並接著探討九○年代台語文學是處在何種的
發展境況？在台語文學的歷史發展脈絡中，曾出現過那些重要的論述，對台

語文學運動的走向產生重大的影響？進而從中探析「蕃薯詩社」及「菅芒花台語文學會」在這波台語文學浪潮中承繼著何種的歷史脈絡和使命？又產生何種貢獻？

一、相關文獻概述

本段首先將藉由對歷來專家學者發表有關「蕃薯詩社」及「菅芒花台語文學會」的相關文獻進行整理、簡述。

（一）學位論文

以「蕃薯詩社」、《蕃薯詩刊》、「菅芒花台語文學會」、《菅芒花詩刊》及《菅芒花台語文學》爲主要研究對象的學位論文，有：施俊州《寂寞，或是鬧熱的花園：《菅芒花》詩刊的文學實踐 Kah 內涵試論》〔註3〕一篇，嘗試探討做爲一個學習團體的「菅芒花台語文學會」和「鄉城台語文讀書會」，在創作素養的訓練上，及其所發表的詩作和論述來看，有什麼集體風格或是內部差異存在；以及《菅芒花詩刊》作爲一本運動刊物，在美學觀念、國族文學的論述及人際權利上，和整個台語文學界有一定的同形結構關係。

（二）期刊論文

期刊論文方面，有：林芷琪〈枝葉代代湠、唔驚落塗爛——談蕃薯詩社 kap 詩刊〉〔註4〕、周定邦〈風佇秋天搢種——介紹《菅芒花詩刊》佮《菅芒花台語文學》〉〔註5〕兩篇，林芷琪在文中指出，十幾年前台灣解嚴後，從事台語文創作和研究的人已經不少，但是分散四處，少了一個共同組織來整合，「蕃薯詩社」在這樣的背景底下成立台語文社團，出版台語純文學刊物，《蕃薯詩刊》在台語文學發展史中佔據了重大的開創意義，培養出很多優秀的作家作品，雖然現在已經沒有集會活動，但是受其影響的詩人及評論家仍繼續研究台語文，這就像「蕃薯唔驚落塗爛，只求枝葉代代湠。」不分親疏，將蕃薯精神傳承下去；周定邦則表示，「菅芒花台語文學會」的會員爲了「提倡

〔註3〕施俊州著，《寂寞，或是鬧熱的花園：《菅芒花》詩刊的文學實踐 Kah 內涵試論》，台南：成大台灣文學研究所碩士論文。2006年。

〔註4〕林芷琪著，〈枝葉代代湠、唔驚落塗爛——談蕃薯詩社 kap 詩刊〉，《菅芒花詩刊革新號第四期》，台南：台江。2005年，頁69～75。

〔註5〕周定邦著，〈風佇秋天搢種——介紹《菅芒花詩刊》佮《菅芒花台語文學》〉，《菅芒花詩刊革新號第四期——莊柏林專號》，台南：菅芒花台語文學會。2005年7月，頁96～129。

『台灣話文運動』，鼓吹『喙講父母話，手寫台灣文』，建立有尊嚴的台灣文學」的宗旨，出版了《菅芒花詩刊》和《菅芒花台語文學》，並介紹這兩本台語文學刊物作的內容。

（三）研討會論文

研討會論文方面，有：周華斌〈「蕃薯詩社」及《蕃薯詩刊》初探〉〔註6〕及蔡瑋芬〈1990年代初期台語文運動 ê 雙箭——論《蕃薯詩刊》kap《台文通訊》tī 運動中 ê 角色〉〔註7〕兩篇；周華斌文中對於「蕃薯詩社」的成立背景和運作以及《蕃薯詩刊》的發行，做初步討論，並對《蕃薯詩刊》做文本探討，希望看出「蕃薯詩社」及《蕃薯詩刊》所達成的階段性成果；蔡瑋芬則探討同樣是在1991年創刊的《蕃薯詩刊》和《台文通訊》，發刊的地點，一個在國內一個在海外，《蕃薯詩刊》注重台語的文學化，包括台語文學理論的建構及台語文學創作的實踐；《台文通訊》則注重台語文的普及和推展，提供初學者習作的園地和台語文團體的交流。這兩份刊物雖然性質不同，在運動中也負擔著不同的任務，但同樣是培養 1990 年代初期國內和海外台語文作家及運動者的重要刊物。

而歷年來對台語文學發展歷程的研究中亦不乏其例。學位論文中，陳慕真《台語白話字書寫中 ê 文明觀——以《台灣府城教會報》（1885～1942）爲中心》〔註8〕指出，「爲著 ē-sái 延續論述 ê 連貫性 kap 歷史脈絡 ê 一致性，選擇 ui 教會報創刊 ê1885 年，到日治時代末期教會報停刊 ê1942 年，做爲研究 ê 時代範圍。」〔註9〕論文肯定《台灣府城教會報》爲台灣第一份平面媒體的先驅性角色，包括醫療建設的報導、醫學知識的傳播、新知識的引進和在地化、白話字文字教育，以及白話字文學在台灣文學史的先創性。外有研

〔註6〕周華斌著，〈「蕃薯詩社」及《蕃薯詩刊》初探〉，《2005 國際學術研討會：語言學習者的研究與分析》，台南：南台科技大學。2005 年。

〔註7〕蔡瑋芬著，〈1990 年代初期台語文運動 ê 雙箭——論《蕃薯詩刊》kap《台文通訊》tī 運動中 ê 角色〉，《2006 台語文學學術研討會論文集》。台南：國立成功大學。2006 年，頁 18-1～18-8。

〔註8〕陳慕眞著，《台語白話字書寫中 ê 文明觀——以《台灣府城教會報》（1885～1942）爲中心》，台南：國立成功大學台灣文學研究所碩士論文。2006 年 7月。

〔註9〕陳慕眞著，《台語白話字書寫中 ê 文明觀——以《台灣府城教會報》（1885～1942）爲中心》，台南：國立成功大學台灣文學研究所碩士論文。2006 年 7 月。頁 5。

討會論文，梁瓊芳〈Ui 大眾傳播 ê 角度探討《台文通訊》雜誌自 90 年代以來對台灣語文運動 ê 意義〉〔註10〕探討《台文通訊》雜誌，自九○年代以來對台灣語文運動的意義，並指出《台文通訊》因標舉以台語文思考，所以雜誌內容大多以漢羅方式書寫，以及《台文通訊》扮演了由一些台語領袖來領導台語文學的發展，強調白話字的重要，透過傳播讓台語文運動及台語文學漸被大眾社會所重視；最後綜論《台文通訊》對台灣語文運動的重要性。

　　上述各類文獻顯示，無論是學位論文、期刊論文或研討會論文，對「蕃薯詩社」及「菅芒花台語文學會」在台語文學發展過程中所扮演的重要角色，均有深入論述。

二、台語文學運動發展歷程

　　「蕃薯詩社」及「菅芒花台語文學會」參與了九○年代的台語文學運動發展歷程，這些運動除了著眼於語言文學的訴求外，更蘊含著喚醒台灣人民對土地情感的重新認同以及運用本土語言文字的努力。就像三○和七○年代的兩次鄉土文學論戰，及近年 1989 和 1991 年的兩次台語文學論戰，對什麼是「鄉土文學」及「台語文學」的內涵，都有過深刻的討論，透過不同立場的相互激盪，釐清台語文學的努力與成果。

（一）台語文學史論

　　歷年來有許多專家學者，對台語文學發展歷程提出許多看法，例如林央敏〔註11〕將台語文學史的發展分為「民間通俗文學期」〔註12〕、「日治時代的台灣話文運動期」〔註13〕、「方言詩的新生期」（1970～85）〔註14〕、「台語文

〔註10〕梁瓊芳著，〈Ui 大眾傳播 ê 角度探討《台文通訊》雜誌自 90 年代以來對台灣語文運動 ê 意義〉，《2006 第三屆台灣羅馬字國際學術研討會論文集》。台北：國立台灣師範大學。2006 年。

〔註11〕方耀乾編，《菅芒花詩刊革新號第三期——林央敏專號》，臺南：菅芒花台語文學會。2004 年 4 月 10 日。頁 54。

〔註12〕連同中國閩南的泉州南管戲曲也包括在內，則台語文學起碼有四百年的歷史，而純就台灣一地來說，至少在百年以上，例如南管、歌仔戲、布袋戲的戲文，民謠、童謠、七字仔歌、流行歌的歌詞，各類俚俗諺語，早年西洋傳教士或台灣人使用羅馬字母拼寫成的某些具備文學性質的篇章，日治時代部分作家的台灣話文創作等等，都是台語文學作品。

〔註13〕白話文、政治改革、台灣文化改造、民族形成等運動交結在一起的「鄉土文學」運動。

〔註14〕1975 年前後到 1985 年的前 10 年為「方言詩的嘗試期」。

學的運動期」（1986～95）〔註15〕及「台語文學的生澀期」（1996～）〔註16〕。
方耀乾〔註17〕將台語文學的發展分爲五期：「荷西時期」〔註18〕、「明鄭與清
領時期」〔註19〕、「清領末期」〔註20〕、「日治時代」〔註21〕及「中華民國在
台灣時期」〔註22〕。蔣爲文〔註23〕則是分爲「台語白話字文學形成期」（1865

〔註15〕 1986 年至目前的 1995 年是「台語文學的開拓期」。

〔註16〕 民間通俗的台語作品，尤其和社會運動有關的。

〔註17〕 方耀乾著，《台語文學的起源與發展》，臺南：方耀乾。2005 年 9 月初版。頁
3～13。

〔註18〕 臺灣在 1624 年及 1626 年，分別有荷蘭及西班牙的入侵佔領，台灣南部基督
教宣教師用羅馬字爲 Siraya 語設計文字，並用這套文字來翻譯聖經、傳教、
教育台灣原住民，原住民本身以此拼音文字來訂契約，學界稱此契約爲「新
港文書」，這是台灣歷史上第一次正式於教育體系內使用的用來紀錄口語的／
白話的文字系統，宣教師並編譯台灣南島語的著作發行；而台灣北部的西班
牙宣教師也用羅馬字爲北部的南島語族創作書寫的文字，主要書寫的語言是
Ketagalan 族的「淡水語」，編有《淡水語辭彙》及譯有《淡水語教理書》。

〔註19〕 明鄭時期帶來數萬軍民，將臺灣轉換成以漢人爲主體的社會，語言變成來自
福建的泉州話、漳州話，書寫文字換成漢字。而清領時期仍延續科舉制，教
授儒家文言文典籍。但基本上台灣的讀書人還是以台語的讀書音來教、讀漢
文及吟詩作對。而白話的民間文學卻在此時期有很好的發展。留下的文學遺
產有大量的褒歌、歌仔、民謠等。

〔註20〕 1865 年由馬雅各（James L. Maxwell）醫生自福建將羅馬字書寫系統的「白話
字」（「教會羅馬字」）引進台灣，是用來書寫台語的文字，也成爲台灣白話文
運動的開路先鋒。而台灣第一次正式的白話文提倡應該是 1885 年由巴克禮牧
師創辦了以白話字印行的台灣第一份報紙《台灣府城教會報》開始的，自此
台語白話文才正式有發表的園地。

〔註21〕 大約從 1922 年起，就有台灣文人主張用台語做爲台灣人的書寫工具，其中最
早的可能是蔡培火，他主張用羅馬字母拼成的台灣白話字來「普及臺灣語文
化」、來教育民眾新思想、培養新文化，以「實現有秩序的自由的文化社會生
活」。而到 1926 年，賴和在「讀台日紙新舊文學之比較」（東京『臺灣民報』
89 號）這篇文章中，提出他對文學語言的看法時，文學的因素才逐漸成爲台
灣話文運動的主題，爲了使新文學眞正成爲大眾文學，他主張新文學的目標
要做到「舌尖佮筆尖」合一，也就是要用台灣話來發表台灣文學。賴和並堅
持以中文，尤其是以台灣口語文從事創作，一些有臺灣民族覺悟的文人，便
開始將台灣話文的作品稱爲「鄉土文學」和台灣文學。1930 年由黃石輝發表
的〈怎樣不提倡鄉土文學〉，強烈主張用民眾最容易理解的話文來寫台灣文
學，引爆第一波的鄉土文學論戰。

〔註22〕 1970 年代，主張用台語寫詩的林宗源、向陽等開始寫台語詩，到了 1977 年葉
石濤主張「台灣意識」，爆發另一波鄉土文學論戰。八○年代「台灣文學」正
式浮上檯面，解嚴後「台語文學」的名稱也逐漸確立，歷經 1989 年廖成浩和
洪惟仁、林央敏對台語文學的發展前景以及 1991 年林央敏和李喬、鍾肇政、
彭瑞金對台語文學如何定位的兩次論戰後，台灣文學呈現更多元的主題與更

～1920）〔註 24〕、「漢字白話文討論期」（1920～1937）〔註 25〕、「台語文學
ê tìm-bī 期」（1937～1987）〔註 26〕、「台語文學 ê koh 活期」（1987～2000）
〔註 27〕及「台語文學 ê 正名期」（2000）〔註 28〕等五期。

　　上述三位學者對台語文學的分期，都以戰前及戰後做爲其中重要的分期
基準。在林央敏分期中的「民間通俗文學期」、「日治時代的台灣話文運動
期」，方耀乾的「荷西時期」、「明鄭與清領時期」、「清領末期」及「日治時
代」，以及蔣爲文的「台語白話字文學形成期」、「漢字白話文討論期」及「台
語文學 ê tìm-bī 期」中的「戰爭期」（1937～1945）都屬於戰前的台語文學。
至於林央敏分期中的「方言詩的新生期」、「台語文學的運動期」及「台語文
學的生湠期」，方耀乾的「中華民國在台灣時期」，蔣爲文的「台語文學 ê tìm-bī
期」中的「戒嚴期」（1945～1987）、「台語文學 ê koh 活期」及「台語文學 ê
正名期」則屬於戰後的台語文學。

　　戰後影響台灣社會的分水嶺，當屬解嚴。因此本研究以「戰前」、「戰後」
爲主要的分界，而戰後再區分爲「解嚴前」及「解嚴後」。

　　精進的書寫技巧。這時期以母語來書寫文學的主要論點有：1.以母語建立台灣
　　民族文學，2.台語文學才是台灣文學，3.建立言文合一的大眾文學，4.以母語
　　建國，5.母語文學才具備原創性，非母語文學只是翻譯，6.台語文學才是台灣
　　文學的正統。

〔註 23〕蔣爲文著，《語言、文學 kap 台灣國家再想像》，臺南市：成大。2007 年 6 月
　　　　初版第 1 刷。頁 219～224。

〔註 24〕具有語言「讀寫能力」是發展「文學」的第一步，1885 年《Tai-oan-hu-sia
　　　　Kau-hoe-po》（台灣府城教會報）在台南開始發行，因爲有白話聖經、報紙的
　　　　出版，建立台灣人的台語讀寫能力，發展出台語文學。

〔註 25〕雖然 1920 年代白話字已經發展爲成熟的「文學語言」，但當時的台灣文學界
　　　　討論的主要重點還是在漢字 e 改革 kap 書寫方面。

〔註 26〕蔣爲文認爲，1937 到 1945 年算是「戰爭時期」，chit-e 時期主要 e chin-chhun e
　　　　刊物是《台灣教會公報》，透過宗教 e 方式來生存。戰後 1945 到 1987 解嚴 chin
　　　　前 chit-cham 算是「戒嚴期」，chit-時期是台語文學 e 黑暗時代。

〔註 27〕蔣爲文提到，這個時期專門創作台語文學的第一個文學性團體是 1991 年到
　　　　1996 年的「蕃薯詩社」和它的機關刊物《蕃薯詩刊》。而在此時成立團體並出
　　　　版刊物的，則有 1995 到 1999 年的「台語文推展協會」和《茄苳台文月刊》
　　　　以及 1997 年迄今的「菅芒花台語文學會」和《菅芒花詩刊》等。而各大學校
　　　　園也成立台語相關社團，成爲台語話文進入教育體制的先鋒。

〔註 28〕台語文學經過 1990 年代後的發展而活絡起來，而且開始進入學校教育體制。
　　　　在這個時期，台語文學也開始受到學界的注意，台語文學教材也開始出現，
　　　　也有學者出版台語文學的學術論文專書。

1. 戰前的台語文學

　　林央敏將戰前的台語文學歸爲「民間通俗文學期」及「日治時代的台灣話文運動期」，因爲，在戰前日本統治的 50 年裡，「台灣是處於一個殖民地經驗、新舊時代交替、東西文化相互激盪的複雜狀況」。〔註 29〕

　　其實，大約從 1922 年起，台灣文人就開始有人主張用台語做爲台灣人的書寫工具，其中最早的可能是蔡培火先生，他主張用羅馬字母拼成的台灣白話字來「普及台灣語文化」、來教育民眾新思想、培養新文化，以「實現有秩序的自由文化社會生活」〔註 30〕。1925 年之前有關台灣話文的主張重點都擺在「語文」的實用性方面，直到 1926 年賴和在〈讀台日紙新舊文學之比較〉〔註 31〕一文中，主張爲了使新文學眞正成爲大眾文學，新文學的目標要做到「舌尖佮筆尖」合一，也就是要用台灣話來發表台灣文學，尤其是以台灣口語文從事創作，文學的因素才逐漸成爲台灣話文運動的主題。1930 年黃石輝刊載於《伍人報》的「怎樣不提倡鄉土文學」〔註 32〕一文中，主張書寫「鄉土文學」的文字工具應爲「台灣話文」，如此論點「衝擊著當時許多知識分子的語言、文化及認同等思考，於是引爆所謂的『台灣話文與鄉土文學論戰』」〔註 33〕，這樣的主張，起源於當時文壇普遍認爲台灣話粗俗、不雅，不適宜做爲傳遞文學作品的工具。黃石輝在文中主張，用台灣話寫成各種文藝、增讀台灣音以及描寫台灣的事物等三項主張。黃文一經刊登之後，引發 1930 年代第一次鄉土文學論戰，支持的聲浪是從普羅大眾的角度，以反抗日本文化的殖民和使用中國白話文出發，想用台灣一般民眾最容易理解的話文來啓迪民智，如郭秋生發表〈建設「台灣話文」一提案〉表示支持，也有如張我軍等認爲台灣話用途不廣且不具文學價值，而發出反對聲音。各方論戰直至 1934 年因台灣總督府實施皇民化政策、中日戰爭爆發及官方禁絕漢文等因素，才被迫停止。這些資料經中島利郎彙編〔註 34〕，收集自 1930

〔註 29〕廖瑞銘主編，《愛‧疼‧惜：2008 台語文學展專輯》，台南市：台灣文學館。2008 年 9 月第一版一刷。頁 21。

〔註 30〕林央敏著，《台語文學運動史論》。台北：前衛。1997 年。頁 32。

〔註 31〕東京『臺灣民報』89 號。

〔註 32〕黃石輝著，〈怎樣不提倡鄉土文學〉，《伍人報》。1930 年 8 月 16 日。

〔註 33〕廖瑞銘主編，《愛‧疼‧惜：2008 台語文學展專輯》，台南：台灣文學館。2008 年 9 月第一版一刷。頁 56。

〔註 34〕中島利郎編，《1930 年代台灣鄉土文學論戰資料彙編》。高雄：春暉。2003 年 3 月初版第一刷。

至 1934 年有關的作品共得 74 篇，可見這個議題在當時獲得重視的程度。

2. 戰後的台語文學

戰後的台灣，雖然脫離了異族統治，然而台語文學的處境並未獲得改善，特別是又歷經二二八事件及長達四十年的戒嚴統治，以台語文學來追求恢復歷史記憶的運動，一直要到七〇年代才重新展開，特別是 1979 年的美麗島事件，「讓許多人在思想上受到衝擊而轉向認同台灣，包括對台語的反省」〔註 35〕。但即使是如此，在當時仍然處於戒嚴體制，黨國暴力本質並未有根本改變的情形下，軍警檢調特仍舊牢牢的緊盯著社會各種反對勢力，因此台灣文學運動所受到的壓制仍未解除。周英雄及劉紀蕙即指出，「對於台灣社會內部矛盾的探索，還是不能全面展開。必須等到 1987 年戒嚴令正式解除，封鎖台灣社會的殖民體制才正式開閘，文學多樣性才日益活潑開放。」〔註 36〕1987 年解嚴以後，台灣的政治社會產生大變革，開始有大批的作家、學者投入台語文學建構的行列，「有意識地轉向投入台語文學創作、台語文相關刊物發刊、撰述台語文學的相關論述等等。」〔註 37〕。戰後的台灣話文運動，相較於戰前，雖時間點較晚，但「無論是戰場、作品形式與內容、書寫符號，甚至因網路時代來臨而擴增的光纖虛擬空間」〔註 38〕，都讓台語文學的運動性與傳播廣度，變得多元與快速。

以下分別概述「解嚴前」以及「解嚴後」的台語文學運動。

（1）解嚴前的台語文學

戰後解嚴前的台語文學，蔣為文歸為「戒嚴期」，「chit-時期是台語文學 ê 黑暗時代。」〔註 39〕，這種分期主要是因為戰後初期開始推展的禁說「方言」、禁書日文的「國語」政策，使得民間只有零星的台語漢文創作，及以台語「白話字」繼續刊行的《台灣教會公報》。但這時的台語文學運動，並非只在台灣

〔註 35〕廖瑞銘主編，《愛‧疼‧惜：2008 台語文學展專輯》，台南：台灣文學館。2008 年 9 月第一版一刷。頁 65。

〔註 36〕周英雄、劉紀蕙編，《書寫台灣文學史、後殖民與後現代》，台北：麥田。2000 年 4 月初版一刷。頁 53。

〔註 37〕廖瑞銘主編，《愛‧疼‧惜：2008 台語文學展專輯》，台南：台灣文學館。2008 年 9 月第一版一刷。頁 65。

〔註 38〕廖瑞銘主編，《愛‧疼‧惜：2008 台語文學展專輯》，台南：台灣文學館。2008 年 9 月第一版一刷。頁 67。

〔註 39〕蔣為文著，〈語言、文學 kap 民族國家 e 建構——台語文學運動史初探〉，《語言、文學 kap 台灣國家再想像》，臺南市：成大。2007 年 6 月初版第 1 刷。頁 222。

島內進行著，而是聯結海外力量共同發聲，最早是留學日本的王育德，在分析漢字與羅馬字的使用優缺點後，提出「漢字和羅馬字這兩種文字混合使用」，這樣的主張在 1980 年代後，逐漸成為台語文書寫的主流。

　　林央敏則視 1970 至 1985 年為戰後「方言詩的新生期」，戰後到 1970 年代有林宗源及向陽等人，有意識的寫出「方言詩」。1977 年 5 月葉石濤在《夏潮》〔註40〕發表〈台灣鄉土文學史導論〉，「主張台灣的鄉土文學應該是以『台灣為中心』寫出來的作品。」〔註41〕再度引發第二次鄉土文學論戰。余光中同年發表〈狼來了〉一文，言明「鄉土作家們所提倡的就是『工農兵文學』」〔註42〕，但，「然則社會百業，何以獨舉工農兵而排其他？何以排列的次序是工農兵而不是農工兵或兵農工？條條大路皆為報國之途，何以獨要突出這『三個階級』？如果說，所謂工農兵，不過是代表大眾的意思，那麼逕用涵蓋面更大的『大眾文學』或『國民文學』好了。」〔註43〕並認為不見狼而叫「狼來了」，是自擾。第二次論戰中的聲浪，是「作家與統治者在意識型態上的一次對決」。〔註44〕更重要的事件是發生於 1979 年的美麗島事件，這不僅僅是一場政治上的反對運動，更在台語文學運動上起著推波助瀾作用的文化事件，「讓許多人在思想上受到衝擊而轉向認同台灣，包括對台語的反省。」〔註45〕八○年代台語文學蔚為風氣，過去的「方言詩」，已有正名為「台語詩」的趨勢。

　　歸結而言，解嚴前的台語文學，在 1970 年代的「鄉土文學論戰」與 1980 年代初的「台灣文學正名」議題，「修正了文學偏離社會的問題」〔註46〕。葉石濤指出，「1977～1978 年的〈鄉土文學論戰〉，才形成一個全面追求本土詩的大洪

〔註40〕《夏潮》雜誌，由鄭泰安、蘇慶黎等人於 1976 年 2 月 28 日創刊。後於蘇慶黎擔任總編輯，以「反帝、反封建、反資本主義」為主軸。因《夏潮》作者如陳映真、黃春明、王拓等人的小說強調本土的、現實主義思想，被媒體批為「工農兵文學」，而引發「鄉土文學論戰」。
〔註41〕李筱峰著，《台灣史 100 件大事（下）》，台北：玉山社。2007 年 12 月第 1 版 25 刷。頁 96。
〔註42〕施懿琳、中島利郎、下村作次郎、黃英哲、應鳳凰、黃武忠、彭瑞金著，《台灣文學百年顯影》，台北：玉山社。2003 年 10 月第 1 版 1 刷。頁 186。
〔註43〕余光中撰，〈狼來了〉，《聯合報》12 版。1977 年 8 月 20 日。
〔註44〕周英雄、劉紀蕙編，《書寫台灣——文學史、後殖民與後現代》，台北：麥田。2000 年 4 月初版一刷。頁 52。
〔註45〕廖瑞銘主編，《愛·疼·惜：2008 台語文學展專輯》，台南：台灣文學館。2008 年 9 月第一版一刷。頁 65。
〔註46〕施懿琳、中島利郎、下村作次郎、黃英哲、應鳳凰、黃武忠、彭瑞金著，《台灣文學百年顯影》，台北：玉山社。2003 年 10 月第 1 版 1 刷。頁 188。

流，特別是進入 1980 年代，政治局勢的變化，本土主義的高揚，更提供了年輕世代詩人深刻反省的機會」。〔註47〕論戰之後，「漸漸的，『本土』『鄉土』的意識，開始落實到以台灣爲單位的意義上。」〔註48〕，對「含有民族意識和反抗極權壓迫的『台語文學運動』形成推力」〔註49〕，建立起自主的台灣文化及文學。

（2）解嚴後的台語文學

解嚴後的台語文學運動，照林央敏的分期是「台語文學的開拓期」，蔣爲文的「台語文學復活期」。從「方言詩」到「台語文學」稱謂的轉變，可以「看出主體 sòa 移 ê 腳 liah，含 khǹg 有主體性重建」〔註50〕，前已提及，在黨外政治勢力的逐漸抬頭後，台語文學運動也進入了另一個階段，開始提倡台語文學的主體性，而不再僅僅只是將之做爲書寫的工具而已。

林央敏在〈台語文學的多元發展與成果〉一文中說：「1987 年似乎可視爲台語文學在創作形式上的一條分水嶺，因爲詩以外的各種類型作品，都在 1987 年前後出現，因此我們可以說 1987 年是台語文學走向多元化的開始。然而從作品內容來看，多元化似乎要到 1991 年後才有較明顯的發展。」〔註51〕因此，1980 年代中期後，隨著台灣人「因應本土意識的覺醒及台灣文學主體性的建構，更多語言學家和作家站在『正當性』的觀點出發，認爲台灣作家應以『台灣話』作爲創作語言，並積極而有計畫地投入台語的整理和研究及文學創作」。〔註52〕

這種對台語文學主體性的探討，引發了 20 世紀八〇年代台語文學史上 1989 和 1991 年的最後兩次台語文學論戰，「台語文學」這個名詞算是完全確立。1989 年廖咸浩發表〈「台語文學」的商榷〉〔註53〕一文，批判台語文學的

〔註47〕 陳明台著，《臺灣文學研究論集》，台北：文史哲。1997 年 4 月初版，頁 106。

〔註48〕 李筱峰著，《台灣史 100 件大事（下）》，台北：玉山社。2007 年 12 月第 1 版 25 刷。頁 97。

〔註49〕 廖瑞銘主編，《愛‧疼‧惜：2008 台語文學展專輯》，台南：台灣文學館。2008 年 9 月第一版一刷。頁 68。

〔註50〕 蔡瑋芬著，〈戰後台語文學運動 ê 論述開展〉，《2006 第三屆台灣羅馬字國際學術研討會論文集》。台北：國立台灣師範大學。2006 年。頁 2。

〔註51〕 林央敏著，《台語文學運動史論》，臺北：前衛。1997 年。頁 103。

〔註52〕 廖瑞銘主編，《愛‧疼‧惜：2008 台語文學展專輯》，台南：台灣文學館。2008 年 9 月第一版一刷。頁 65。

〔註53〕 發表於台大評論夏季號（1989 第 2 期），並經作者於 6 月 17 日在淡江大學的「文學與美學研討會」上宣讀，但在前一天 6 月 16 日的《自立晚報》本土副刊，編者就節錄其主要部分加以發表，文題並改爲〈需要更多養分的革命──『台語文學運動的盲點與侷限』〉。

理論盲點和囿限，指出台語文學的理論完全建立在兩大謬誤之上，以致發展空間也受到了極大的限制，「謬誤之一是，『台語文學』繼承了白話文學運動的盲點——言文合一。謬誤之二是，它接收了因台灣意識激化成『準民族主義』而衍生的『正統心態』或霸權心態」〔註54〕。他並認為台語文學的動機雖可尊敬與諒解，但理論基礎脆弱，「走的顯然是一條去路不多的死胡同，令人惋惜」〔註55〕。文章發表後引起多方回應，洪惟仁發表〈令人感動的純化主義：評廖文——「台語文學運動理論的盲點與囿限」〉，認為廖咸浩對台語文學及中國文學有「盲點」，並澄清「台語運動」者所謂的「台語」是指半廣義的台語，即「台灣人的母語，包括閩南語、客家語、山地語」〔註56〕。林央敏也發表〈不可扭曲台語文學運動——駁正廖咸浩先生〉，認為廖誤解了台語文學的理論，或者有意吹毛求疵，甚至故意扭曲台語文學理論，在在讓人察覺「作者是多麼不了解語言與文化有著某些不可分割的關係，唯其如此，作者才會不同意發展台語的書寫文」〔註57〕，他更表示，「要保留或更新台灣本土文化，捨台灣本土語言便無法完全做到。因此，在台灣，必須發展台語的書寫文」。〔註58〕加以反駁，強調「台語」並非「方言」，是台灣普遍使用的語言，理所當然要作為台灣文學的創作語言。這次的論戰雖然規模不大，卻讓社會各界更加關注台語文學運動，也使一些原先誤解台語文學的人有了進一步的了解，而原先持反對立場的人也似乎有了轉變，支持的聲音也增加了。

1991年林央敏發表〈回歸台灣文學的面腔〉，為台灣文學的定位，指出文學的聲音源於文學的創作用語，語言使文學具有獨特的「面腔」，並認為目前的台灣人因為長期在殖民式的文化環境內，時間久了就產生一種反常的思考模式，才會一時想不通，不肯接受這種再自然不過的道理。這樣的論點引發

〔註54〕廖咸浩著，〈台語文學的商榷〉，《台語文學運動論文集》，台北：前衛。1999年1月初版第1刷。頁81。

〔註55〕廖咸浩著，〈台語文學的商榷〉，《台語文學運動論文集》，台北：前衛。1999年1月初版第1刷。頁88。

〔註56〕洪惟仁著，〈一篇台語文學評論的盲點與囿限——評廖文〈台語文學的商榷〉〉，《台語文學運動論文集》，台北：前衛。1999年1月初版第1刷。頁92。

〔註57〕林央敏著，〈不可扭曲台語文學運動——駁正廖成（咸）浩先生〉，《民眾日報》。1989年7月10日，鄉土第18版。

〔註58〕林央敏著，〈不可扭曲台語文學運動——駁正廖成（咸）浩先生〉，《民眾日報》。1989年7月10日，鄉土第18版。

李喬發表〈寬廣的語言大道〉一文，認為台灣也需要有各母語的創作，但反對「台語」、「台文」及「台灣文學」存有狹義的立場，「不宜也不必在台灣的『語言市場』中，以『人為力量』把北京話排除掉」〔註59〕。彭瑞金也認為，今日的台語應包括「普通話」在內，「面對台語問題的現實，不但要有包容的胸襟，包括『普通話』〔註60〕在內，也要通盤地考慮進去，畢竟它是當前通行無阻的台灣語言之一，對於台語的未來更要有開闊的視野」。〔註61〕，他並表示「八〇年代，台灣文學本土化的討論基礎上，台灣文學台語化的問題，再度躍居檯面」〔註62〕，他希望語言不要成為文學發展的絆腳石。

這次的論戰在大學校園也引起迴響，「1991 年 10 月中，成功大學的台語社 bat 針對台語文學 kah 台灣文學的問題，舉辦一場座談會」〔註63〕，由陳明仁主持，邀請林瑞明、葉石濤、林宗源、黃勁連等 4 人作公開討論，「會中林宗源持台語文學正統論」〔註64〕，不反對華語作品或用華語寫作，而是反對將華語作品當作台灣文學，因此強調台語的「半廣義式包括論」〔註65〕台語文學界經過這些年的思考及這兩次論戰後，已然為台語文學的理論發展出相當完整的架構，支持台語文學和用母語寫作的人也逐漸增多，台語文學的面貌已逐漸釐清與定位。

1991 年是台灣政治工程重要的一年，不僅萬年國會順利全面改選，亦同時中止了動員勘亂時期。政治、文化明顯走向多元與開放，台語文學作品所描寫的對象也就逐漸正常化而展現多元的內容，政治類文學雖然還不少，但與政治無關的作品卻更多，作品內容已是繽紛多彩。在「台語文學復活期」中，專門創作台語文學的文學性團體是 1991 年到 1996 年的「蕃薯詩社」和它的機關刊物《蕃薯詩刊》；在此時期成立團體並出版刊物，還有 1997 年迄

〔註59〕李喬著，〈寬廣的語言大道──對台灣語文的思考〉，《台語文學運動論文集》，台北：前衛。1999 年 1 月初版第 1 刷。頁 162～163。

〔註60〕指華語，中國稱呼華語是「普通話」。

〔註61〕彭瑞金著，〈請勿點燃語言炸彈〉，《台語文學運動論文集》，台北：前衛。1999 年 1 月初版第 1 刷。頁 171。

〔註62〕彭瑞金著，〈語・文・文學〉，《台語文學運動論文集》，台北：前衛。1999 年 1 月初版第 1 刷。頁 175。

〔註63〕阿仁著，〈講一寡台語文學的問題〉，《蕃薯詩刊・4・郡王牽著我的手》，台南：台笠。1993 年 6 月 1 日。頁 1～5。

〔註64〕林央敏著，《台語文學運動史論》，台北：前衛。1997 年。頁 68。

〔註65〕引《台語文學運動史論》頁 73 附註，「半廣義的台語」是指不包括華語，但包括閩南話、客家話及各種原住民語言的「台語」定義。

今的「菅芒花台語文學會」和《菅芒花詩刊》等。而這股體制外的風潮，將台語文推向體制內的教育體系，各大學院相繼成立台語文相關社團及系所，成爲台語話文進入教育體制的先鋒。

總之，1987 年解嚴後，政治、社會及文化逐步多元開放，隨著「台灣文學正名」，台語文學運動有了更實際的行動，也具備更多的自信與勇氣，經過不同立場的相互激盪，「台語文學」的定位與面貌逐漸得到釐清。

（二）台語文學論述

台語文學在戰前及戰後的發展過程中，也產生了許多重要的論述，對日後台語文學的發展方向，產生了極大的影響。例如台語文學從 1970 年代中葉，由「方言詩」開始萌芽，而於八〇年代中葉興起，並逐漸蔚成一股運動，儼然是台灣的新文學革命一般。這個階段的台語文學運動，除了以台語創作爲主軸外，還有兩條路線在同步進行，其一是「台語文字化」，這是台語的有形符號運作，屬於文字、音標的重建和標準化課題，其二是「台語文學理論的建設」。台語文學的誕生與發展，有了理論支撐，便有了更堅實的立足基礎，也更加推動台語文學的發展〔註 66〕

1. 喙講父母話，手寫台灣文——「言文一致」及「台語文字化」

「言文合一」是台語文學推動主要論述依據，早在 1926 年賴和即曾主張「舌尖佮筆尖合一」，到了 1930 年黃石輝在〈怎樣不提倡鄉土文學〉一文中，亦明白表示「爲了普及大眾文藝，生活在台灣天地裡的台灣人作家，必須以台灣話爲媒介，描寫台灣的事物、台灣的情境、台灣的經驗」〔註 67〕，他強調「嘴裡所說的亦是台灣的話語，所以你的那枝如喙健筆，生蕊的彩筆，亦應該去寫台灣的文學了」〔註 68〕。這種台灣文學所運用的文字工具就是台灣話，「台灣文學怎樣寫呢？便是用台灣話做文、用台灣話做詩、用台灣話做小說、用台灣話做歌曲、描寫台灣的事物」〔註 69〕。這樣的論點引發極大的迴響。

〔註 66〕林央敏著，《台語文學運動史論》，台北：前衛。1997 年。頁 38。

〔註 67〕楊允言、張學謙、呂美親編，〈台灣話文的提倡者——黃石輝〉，《台語文運動訪談暨史料彙編》，台北：國史館。2008 年 3 月初版一刷。頁 72。

〔註 68〕黃石輝著，〈怎樣不提倡鄉土文學」〉，《1930 年代台灣鄉土文學論戰資料彙編》，高雄：春暉。2003，頁 1。

〔註 69〕黃石輝著，〈怎樣不提倡鄉土文學」〉，《1930 年代台灣鄉土文學論戰資料彙編》，高雄：春暉。2003，頁 1。

　　要能達成「言文合一」的境地，一套能適用台語發音及用法的文字系統顯然是必要的，然而長期以來，由於歷史文化發展的脈絡其政治經濟的情狀，台語文字化的系統一直未能完整的發展出來，這也成了反對台語文學主要的藉口。因此為了能讓台語文字化，眾多台語文學家已提出許多解決方案，藉助其他文字系統，嘗試建立台語屬於本身的文字系統，對此早在日據時代的 1922 年起，蔡培火即曾主張「羅馬字母拼成的台灣白話字來來描繪台灣生活」〔註70〕

　　而努力於台語文學理論建構的方耀乾，也在他的論文中提到，台語長期以來受到壓制和疏忽，以及文字化的缺乏，連帶的使得用台語書寫的文學也受到疏忽，對此他曾指出，「戰後才出世的人，佇台灣用華語書寫羊認定是自然的代誌，因為正式的教育系統內底華語是教育用語，客語、南島語、閩南語是被壓抑的。」〔註71〕，亦即由於教育系統中缺乏母語相關的教學，在大多數人都沒有受過母語教育的情形下，要如何用台語來書寫呢？但是若要實施母語教學，更進一步的問題是，必須建立一套易學好用的台語文字系統，便成了台語文學推展的重要關鍵。

　　對於台灣有音無字的說法，施炳華有不同的看法，他指出「用文字來表達台語，有悠久歷史而且上通行ㄟ有兩種：第一是漢字，第二是羅馬字。……。目前變通ㄟ辦法，就是遐ㄟ『有音無字』抑是一時揣無適當ㄟ漢字ㄟ，就用羅馬字標音，這號做『漢羅台語文』」〔註72〕。這種漢羅台語文，其實仍然廣泛地被運用在基督教長老教會的傳教活動中，李南橫曾指出，「台灣基督教長老會誠堅持，猶原用羅馬拼音的白話字聖經、聖詩，主日學用羅馬拼音的白話字教材，會使講是台語最後的堡壘。啥知，臺灣民主化、自由化以後的今仔日，咱政府不但無壓制、反轉鼓勵各級學校學習家己的母語。」〔註73〕

　　然而對於台灣話如何轉化成文字的問題？各界卻缺乏一致的共識。1931

〔註70〕 〈未曾轉向的白話字運動──蔡培火〉，《台語文運動訪談暨史料彙編》，台北：國史館。2008 年 3 月初版一刷。頁 44。

〔註71〕 蘇芳儀等訪，〈台語文學的疊磚仔師──專訪方耀乾老師〉，《菅芒花台語文學第四期》，台南：菅芒花台語文學會。2001 年 10 月 1 日。頁 148。

〔註72〕 施炳華著，〈臺灣話俗臺語文學〉，《菅芒花詩刊　心悶》，台南：台江。1997 年 12 月 30 日。頁 140～142。

〔註73〕 李南衡著，〈家己 thai 趁腹內〉，《菅芒花詩刊革新號第三期──林央敏專號》，台南：菅芒花台語文學會。2004 年 4 月 10 日。頁 197。

年郭秋生在《台灣新聞》發表〈建設「台灣話文」一提案〉一文，認爲「文字既要會記號言語的音聲方才會發揮他的機能」〔註74〕，主張「以漢字爲主架構，於日本文學和中國白話文學之外，將台灣話文字化，不但可啓蒙無產大眾，並可凝聚台灣民族意識。郭秋生認爲『台灣人使不得放棄固有文字的漢字。』提倡以現行漢字爲工具來創造『台灣話文』」。〔註75〕

　　1960年留學日本的王育德在《台灣青年雜誌》撰寫連載四年的〈台灣話講座〉，「除了對台灣話做整體的介紹，也有許多關於台灣文化民族主義的論述」〔註76〕，並在台語文字化的議題上，突破了戰前「漢字」與「羅馬字」無法合作的困境。王育德第一個提出「漢羅合用」的理論，「漢羅合用的主張受到王育德『國族想像』的強烈影響，透過摻雜漢字和羅馬字，王育德嘗試挑戰漢字中心的意識型態、顛覆漢字霸權」〔註77〕，特別是具備第一位閩語博士的學術背景，讓王育德在台語文運動中同時扮演著研究者、改革者和實踐者的角色。並在1980年代後受到後來留學美國的語言學者鄭良偉的支持，而加以積極推廣。

　　文字化是語言保存的重要因素，但需要政策、教育和社會的配合。進入1980年代，台語文學再次興起，各種拼音符號及書寫系統紛紛出現；1990年代，台語文運動更加蓬勃發展，台語文社團紛紛成立，各自發行台語文刊物；2001年九年一貫課程實施後，台灣各種語言納入國民中小學的課程教學；2006年10月，教育部正式公布「台灣閩南語羅馬拼音方案」（台羅），做爲教授台語的依據。

　　董峰政也提到，2000年8月11日台語文吳守禮教授在台灣大學舉行的「國臺對照活用辭典」新書發表會，當時陳水扁總統在致詞時指出，「母語（言）是社會主體性佮獨立性的象徵，並以歌德、但丁、源氏物語的語言成就作例，表示：『希望有一工，會當看著以台灣話寫作的文學作品。」〔註78〕

〔註74〕郭秋生著，〈建設「臺灣話文」一提案〉，《1930年代台灣鄉土文學論戰資料彙編》。高雄：春暉。2003年，頁13。

〔註75〕楊允言、張學謙、呂美親編，〈台灣話文的提倡者——郭秋生〉，《台語文運動訪談暨史料彙編》，台北：國史館。2008年3月初版一刷。頁83。

〔註76〕楊允言、張學謙、呂美親編，〈第一位閩語博士——王育德〉，《台語文運動訪談暨史料彙編》，台北：國史館。2008年3月初版一刷。頁109。

〔註77〕楊允言、張學謙、呂美親編，〈第一位閩語博士——王育德〉，《台語文運動訪談暨史料彙編》，台北：國史館。2008年3月初版一刷。頁112。

〔註78〕董峰政著，〈總統母語文學的網，阮來編織〉，《菅芒花詩刊革新號第一期》，台南：菅芒花台語文學會。2000年9月30日。頁1。

2. 台灣文化主體性建立──「台語文學」就是「台灣文學」

1970 年代爆發的第二次台灣鄉土文學論戰，源於葉石濤所發表的〈台灣鄉土文學史導論〉一文中的主張：「台灣的鄉土文學應該有一個前提條件，那便是台灣的鄉土文學應該是以『台灣為中心』寫出來的作品，換言之，它應該是站在台灣的立場上來透視整個世界的作品。」葉石濤認為這種「台灣意識」，必須是跟廣大台灣人民的生活息息相關的事物所反映出來的意識才行。這樣的主張引發後續的諸多討論，主要的成果在於確立「台灣文學」的名號。

1991 年林央敏發表〈回歸台灣文學的面腔〉，認為「『台語文學則是台灣文學』即種主張是正確的，而且無論『台語』即詞所指的意思是廣意（廣義）亦是窄意，猶原是正確的。」〔註79〕，他後來更進一步說明，數百年來台灣社會大眾最普遍在使用的語言就是台語，因此，可用「台語文學來代表台灣文學」〔註80〕

蔣為文認為「台語文學發展 ê 歷史就是台灣民族形成過程 ê 一個縮影。」〔註81〕方耀乾更進一步指出：「台灣人著 ài 透過台灣母語 ê 復振，才有法度促進台灣人 ê 台灣意識、台灣認同，也才 ē-tàng 建構台灣 ê 主體性。」〔註82〕亦即期盼藉由台語文學主體性的建立，也同時建立台灣主體性的認同。

蔡瑋芬也在〈戰後台語文學運動 ê 論述開展〉文中提到，「重建主體 ê 論述中，以『家己』ê 語言寫民族 ê 文學有伊 ê 必然性。Tī 這個原則之下，台語文學 ùi 日本時代台灣話文論爭接引傳統、ui 歐洲民族主義接枝理論，發展出『言文一致』kap『民族語言文學論』兩個重要理論。」〔註83〕她更進一步指出「台灣第一個台語詩社『蕃薯詩社』tī 台南神學院創社，8 月 15 號創刊綜合性雜誌《蕃薯詩刊》，kā 台語文學 ê 理論 kap 實踐歸集 tī 全一份刊物下底，hō 運動有一個專屬 ê 發表園地。這個時陣台語文學運動勢面眞贏，聲勢介大。」〔註84〕

〔註79〕林央敏著，〈回歸台灣文學的面腔〉，《蕃薯詩刊・2・若夠故鄉的春天》，台南：台江。1992 年 4 月 15 日，頁 19。

〔註80〕林央敏著，《台語文學運動史論》，臺北市：前衛。1997 年。頁 101。

〔註81〕蔣為文著，〈語言、文學 kap 民族國家 ê 建構──台語文學運動史初探〉，《語言、文學 kap 台灣國家再想像》，台南：國立成功大學。2007 年 6 月初版第 1 刷。頁 225。

〔註82〕方耀乾著，《Ùi 邊緣 kàu 多元中心：台語文學 ê 主體建構》，台南：成功大學台灣文學系博士論文。2008 年 6 月。頁 81。

〔註83〕蔡瑋芬著，〈戰後台語文學運動 ê 論述開展〉，《2006 第三屆台灣羅馬字國際學術研討會論文集》。台北：國立台灣師範大學。2006 年。頁 1。

〔註84〕蔡瑋芬著，〈戰後台語文學運動 ê 論述開展〉，《2006 第三屆台灣羅馬字國際學術研討會論文集》。台北：國立台灣師範大學。2006 年。頁 18。

　　上述探討了台語文學史及台語文學的重要論述，主要結論指向 1980 年代末期的台灣社會，源於解嚴及李登輝繼任成第一位台灣人總統後，使得威權黨國體制對台語文學的禁錮力量大幅消退。另外也探討出台語文學運動中的兩個重要論述，即可視爲台語文學運動生成動力的「言文一致」，以及將台灣主體性的建立視爲台語文學運動重要目標的論述。

　　就在承繼著上述發展歷史及重要論述背景的九〇年代，「蕃薯詩社」及「菅芒花台語文學會」以台語文的社團組織形式成立。本研究將以「『蕃薯詩社』與『菅芒花台語文學會』之研究」爲題，探討「蕃薯詩社」及「菅芒花台語文學會」的發展及其活動，以了解「蕃薯詩社」及「菅芒花台語文學會」在我國台語文學運動中的地位及其影響。

第三節　研究範圍與方法

　　本研究以「蕃薯詩社」及「菅芒花台語文學會」所出刊的各式文本、報紙文章等爲研究範圍；研究方法則採文本分析法、歷史研究法、歸納法及比較研究法。

一、研究範圍

　　在作者能力範圍內，蒐集「蕃薯詩社」及「菅芒花台語文學會」所出刊的各式文本如下：

　　《蕃薯詩刊》第 1～7 集由台笠出版社出版；《菅芒花詩刊》第一至三期由台江文化出版，《菅芒花詩刊》革新號第一至五期及《菅芒花詩刊》第十二期，由菅芒花台語文學會出版；《菅芒花台語文學》第一至四期，由台江文化出版。另由「蕃薯詩社」策劃，1991 年 6 月到 1993 年 8 月，每月 20 日發表在《民眾日報》副刊「鄉土・文化」版的〈臺語文學特刊〉及發表在《自立晚報》副刊台語專欄上的文章。

二、研究方法

　　本研究採文本分析法、歷史研究法、歸納法及比較研究法，進行研究。

（一）文本分析法

　　本研究進行前，先蒐集前述相關刊物及作品，就文本內容進行主題分析。

（二）歷史研究法

為了解台語文學發展歷程中發生的事實，主要參考 1930 年代及 1970 年代兩次的鄉土文學及「台灣話文」和「中國白話文」論爭資料，1990 年代的台語文學發展內容和鄉土語言教材等，並與當時的社會情境進行關聯性比對，以了解台語文學所處的社會歷史情境。

（三）歸納法

歸納法係指將相類似的事物歸成類別，進而從中突顯出內在相互連繫的特徵，做為理解分析對象的方法。本文將經由進一步分析《蕃薯詩刊》、《菅芒花詩刊》及《菅芒花台語文學》所刊行的文類、主題內容等，歸納出其中的特性。

（四）比較研究法

對「蕃薯詩社」及「菅芒花台語文學會」，在成立宗旨、成立過程、出版刊物、文學主張及推廣活動的層面，進行比較，以發現兩者的異同及對台語文學發展的貢獻。

第二章 「蕃薯詩社」和「菅芒花台語文學會」的成立宗旨及活動

　　林央敏曾指出，「1987 年似乎可視爲台語文學在創作形式上的一條分水嶺，因爲詩以外的各種類型作品，都在 1987 年前後出現，因此我們可以說 1987 年是台語文學走向多元化的開始。然而從作品內容來看，多元化似乎要到 1991 年後才有較明顯的發展。」〔註1〕進入九〇年代，台語文學呈現更多元的主題與更精進的書寫技巧，質與量都極爲可觀。這和許多母語社團相繼成立，與眾多台語文學雜誌的創刊有著極大的關係。這些社團與刊物在台語文推動和培養文學創作者方面，皆發揮了關鍵性的作用。

　　做爲台灣古都的台南，是早期台灣政治經濟重鎮，更是文化發源地，人文薈萃，在台語文學的發展過程中，亦同樣扮演著重要的角色。其中尤以「蕃薯詩社」及「菅芒花台語文學會」，不僅首創具組織的台語文學社團，更發行文學集刊，提供發表園地，無形中也培養了許多台語文學家，成爲台語文學發展過程中的里程碑。

第一節 「蕃薯詩社」的成立宗旨及其活動

　　在九〇年代政治社會氛圍的急遽改變下，「蕃薯詩社」於 1991 年成立，這是以推廣台語文學爲目的，所成立的台語文學社團。取名「蕃薯」更因它象徵在地的台灣精神。

　　林央敏對「蕃薯詩社」有高度的評價：「純就台語文學運動，從進入九〇年代到目前爲止的前半葉中，『蕃薯詩社』的貢獻最多，它是所有本土語言

〔註 1〕林央敏著，《台語文學運動史論》，台北：前衛。1997 年。頁 103。

的社團中唯一純文學性的組織。」〔註2〕同年，「蕃薯詩社」發行第一份純台語文學刊物《蕃薯詩刊》，無論在發刊目的、策略和建構台語文學理念等，都扮演著九○年代台語文運動的先驅。它集結了當時不少台文界的菁英參與創作台語文學，並且「主張用台灣本土語言創造正統的台灣文學」，內容更多元化，並且產量突飛猛進，在台語文學發展中，有著重大的開創意義及時代性的影響。

一、「蕃薯詩社」的成立宗旨

「蕃薯詩社」以象徵台灣地形與精神的代表物「蕃薯」來取名，1991年5月25日在台南神學院舉行成立大會。方耀乾指出「蕃薯詩社」成立的歷史意義，以「特別紀念兩個對台灣獨立有歷史意義 ê 事件：第一、5月25是當初1895年台灣民主國成立 ê 日子；第二、台南神學院曾發表〈人權宣言〉」〔註3〕，具體主張「『台灣的將來應由台灣一千七百萬住民決定』及『使台灣成為一個新而獨立的國家』」〔註4〕

林央敏提到當時成立的情形：

> 1991年春節，林宗源邀集黃勁連、林央敏、李勤岸、陳明仁、黃恒秋、周鴻鳴及詹俊平等八個人在台南林宗源家中聚會，商議成立台語詩社、社名及詩社宗旨，然後由林央敏負責將宗旨形成條文並草擬發起函，以成立「府城詩社」的名義向當時尚屬一盤散沙的台語文界共同發起，同年初夏，發起人商議改名為「蕃薯詩社」，並為感念1895年台灣第一個由本土成立的獨立國——台灣民主國，以及最早主張建立「新而獨立的國家」的台灣基督教長老教會，於5月25日，在台南神學院舉行成立大會，推選林宗源為首任社長，並

〔註2〕林央敏著，《台語文學運動史論》，台北：前衛。1997年。頁106。

〔註3〕1997年8月16日，美國國務卿范錫訪問中國北京前夕，台灣基督長老教會發表了一份〈人權宣言〉，表示：面臨中共企圖併吞台灣之際，基於我們的信仰及聯合國人權宣言，我們堅決主張：「台灣的將來應由台灣一千七百萬住民決定。」我們向有關國家，特別向美國國民及政府，並全世界教會緊急呼籲，採取最有效的步驟，支持我們的呼聲。為達成台灣人民獨立及自由的願望，我們促請政府於此國際危急之際，面對現實，採取有效措施，使台灣成為一個新而獨立的國家。

〔註4〕李筱峰著，《台灣史100件大事（下）》，台北：玉山社。2007年12月第1版25刷。頁99。

發表「成立宗旨」。〔註5〕

語言文學的發展是任何一個族群自我認同的起始點，同樣的要消滅一個群體的認同感，最有效的方法的就是消滅其語言文字，這種現象在台灣過去受外來政權統治的歷史中

不斷的發生。同樣地，要恢復族群的認同，也必須從恢復文字、語言的使用著手。透過使用自己語言文字來描繪土地，培養對土地的認同感，這樣思路也反映在「蕃薯詩社」成立的宗旨上，「蕃薯詩社」期望藉由「創造有台灣民族精神特色的新台灣文學作品」，以達到描繪「被壓迫者的艱苦大眾的生活心聲」的目的，這是台語文學的寫實功能，也是整體台灣民主運動中重要的一環，因為唯有讓台灣人民了解真實的生活境況，才能有喚醒受壓迫的意識，當年，「蕃薯詩社」是以如下宗旨成立的：

一、本社主張用台灣本土語言創造正統台灣文學。

二、本社鼓吹台語文學、客家文學佮台灣各先住民母語文學創作。

三、本社希望現階段的台灣文學作品會當達著下面幾個目的：

　1. 創造有台灣民族精神佮特色的新台灣文學作品。

　2. 關懷台灣佮世界，建設有本土觀、世界觀的詩、散文、小說。

　3. 表現社會人生、反抗惡霸、反映被壓迫者佮艱苦大眾的生活心聲。

　4. 提升台語文學佮歌詩的品質。

　5. 追求台語的文字化佮文學化。〔註6〕

由上述這份宣言可看出，「所揭櫫的內容正代表整個台語文學運動的主張和目標，並已大略反映了二十年來的台語文學理論，也繼承了日治時代以來台灣新文學的寫實主義精神和普羅文學觀。」〔註7〕殊堪視為整個台灣民主運動歷程中的一個關鍵點。

二、「蕃薯詩社」發行《蕃薯詩刊》

台灣文學運動多元而繽紛，不過最終還是必須回歸文學品質，亦即只有持續充實文學作品，才得以讓文學運動有繼續生根發光的動力。因此，剛成立的「蕃薯詩社」立即發行《蕃薯詩刊》。

〔註5〕林央敏著，《台語文學運動史論》，台北：前衛。1997年。頁106。

〔註6〕林宗源、林央敏等著，《蕃薯詩刊‧1‧鹹酸甜的世界》，台南：台笠。1991年8月15日。頁3。

〔註7〕林央敏著，《台語文學運動史論》，台北：前衛。1997年。頁107。

（一）詩刊出版和發行策略

「蕃薯詩社」於 1991 年成立後，旋即於同年 8 月 15 日由黃勁連任詩刊總編輯，以〈鹹酸甜的世界〉為名，出版第一份純台語文學刊物《蕃薯詩刊》，「ti 台語文學發展史中佔據了重大的開創意義，培養出真濟優秀 ê 作家作品」〔註8〕。施俊州也提到，「《蕃薯詩刊》（1991.08～1996.06）是 1990 年代台語文學上重要的標誌，性質基本上會使定位作台語文學創作意理的夯頭。蕃薯詩社本身 toh 是戰後第一代台文創作者的第一次結社，表現出全國性台語文學運動。」〔註9〕

《蕃薯詩刊》發行後，提供台語文學固定發表的園地及提高作品能見度，便成了詩刊發行的主要任務。這份詩刊無論在發刊目的、策略和建構台語文學理念等方面，對台語文學的發展史，有著重大的開創意義。

《蕃薯詩刊》確實完成開路先鋒的任務，在發行周期上，因受限人力、物力以及稿源，不得不採用不定期方式發行，稿件來源則為蒐集詩社同仁的作品、邀請作家和代表性學者投稿等。在形態上，則採用選集的形態，希望延長詩刊在書店展示的時間，並讓讀者可以當做叢書收集，詩集上面雖標出集號，但是選出有代表性的詩題名和作者，做為那一集《蕃薯詩刊》的書名和作者。《蕃薯詩刊》發行了 7 集，前後持續 5 年，各輯出刊時間及輯名分別為：《蕃薯詩刊・1・鹹酸甜的世界》（1991 年 8 月 15 日發行）、《蕃薯詩刊・2・若夠故鄉的春天》（1992 年 4 月 15 日）、《蕃薯詩刊・3・抱著咱的夢》（1992 年 10 月 22 日）、《蕃薯詩刊・4・郡王牽著我的手》（1993 年 6 月 1 日）、《蕃薯詩刊・5・台灣製》（1993 年 12 月 15 日）、《蕃薯詩刊・6・油桐花若開》（1994 年 8 月 1 日）、《蕃薯詩刊・7・台灣詩神》（1996 年 6 月 10 日）。

（二）作家及文類

《蕃薯詩刊》雖然以詩刊為名，然而所包括的文體卻十分豐富，其實就像一本綜合性的台語文雜誌，文類相當的多元化。林央敏曾提到《蕃薯詩刊》對促進台語文學的貢獻：「台灣文學作品在內容上趨向多元化並且產量突飛猛進便是蕃薯成立以後才有的發展。」〔註10〕

〔註 8〕林芷琪著，〈枝葉代代湠、唔驚落塗爛──談蕃薯詩社 kap 詩刊〉，《菅芒花詩刊革新號第四期》，台南：台江。2005 年 7 月。頁 72～73。

〔註 9〕施俊州著，《寂寞，或是鬧熱的花園：《菅芒花》詩刊的文學實踐 Kah 內涵試論》，台南：成功大學台灣文學研究所碩士論文。2006 年。頁 17。

〔註 10〕林央敏著，《台語文學運動史論》，台北：前衛。1997 年，頁 104。

　　根據研究者的統計，整理出《蕃薯詩刊》第 1 集到第 7 集各種文類及作品數量狀況如下表：

表 1：各種文類數量表（《蕃薯詩刊》）

	理論篇	譯詩	詩	散文	小說	批信	訪問	合計
數量	78	4	439	114	3	19	2	659

（關向君整理）

表 2：作家發表文類及數量統計表（《蕃薯詩刊》）

作　者	理論篇	譯詩	詩	散文	小說	批信	訪問	合計
山口惣司						1		1
王育德						1		1
王孟武				1				1
王金選			1					1
王啓輝			1					1
王淑芬				1				1
王寶星			6					6
王灝			2					2
向陽	1		6					7
宇奈武				2				2
朱慧娟			1					1
江天	1							1
江秀鳳			6					6
羊子喬			2					2
余文欽			1					1
利玉芳			3					3
吳夏暉			7					7
吳順發			1					1
吳鉤			8	6				14
呂興昌	1							1
李明白			3					3
李勤岸	3	1	21			1		26

作　者	理論篇	譯詩	詩	散文	小說	批信	訪問	合計
李魁賢			2					2
杜文靖				5				5
杜潘芳格		1	10					11
沙卡布拉揚	2		8	2		1		13
何瑞雄			4					4
周明峰			1					1
周東和			6	2				8
周華斌			6					6
周鴻銘			13					13
岩上			7					7
東方白				3				3
林仙饒				3				3
林央敏	4		12	10		1		27
林亨泰	1		1					2
林佛兒			2					2
林沈默			14					14
林宗源	4		28	10				42
林明男			10	2				12
林武憲			5					5
林洪權				1				1
林義勇						1		1
林錦賢	2							2
河洛			3					3
金子秀夫	1							1
阿仁	1		11					12
阿光			1					1
阿惠			1					1
阿嘉						4		4
思英	1							1
施炳華	1			1				2
段震宇	1							1

作　者	理論篇	譯詩	詩	散文	小說	批信	訪問	合計
洪惟仁	2			3		1		6
洪錦田	1			7				8
胡民祥	12	2	26	3	1	4		48
范文方			2					2
郁山			4					4
海瑩			5					5
烏皮	1							1
草地人			1					1
涂順從			2	15				17
康原			3					3
張春凰			4					4
張清雲			3					3
張德本			1					1
莊柏林	2		43					45
莊秋雄			2					2
許極燉	2							2
郭明昆				1				1
陳主顯			1					1
陳明仁	1		13					14
陳明雄						1		1
陳明瑜			6					6
陳恒嘉	1							1
陳雷	10		2	6	2	1		21
鹿耳門漁夫			4					4
陽柯			2					2
黃元興				2				2
黃勁連	5		35	18		2		60
黃恒秋			13	1				14
黃徙				1				1
黃樹根			7					7
楊允言	2							2

作　者	理論篇	譯詩	詩	散文	小說	批信	訪問	合計
廖瑞銘	1							1
廖榮春			1					1
趙天福	1							1
趙天儀			1					1
精兵	1							
劉輝雄			7					7
蔡丰祺				1				1
鄭良光				1				1
鄭良偉	4							4
鄭穗影	1							1
盧媽義				1				1
謝安通			17					17
謝武彰			2					2
簡忠松			1					1
簡勇			2	1				3
顏信星			14	1				15
魏眞光				1				1
羅文傑	7			2			2	11
蘇惠玲			1					1
合計	78	4	439	114	3	19	2	659

（關向君整理）

　　由研究結果顯示，在爲數 7 集 6 種文類共 659 筆的作品中，共有 103 位作家曾經發表過至少一篇的作品：山口惣司、王育德、王孟武、王金選、王啓輝、王淑芬、王寶星、王灝、向陽、宇奈武、朱慧娟、江天、江秀鳳、羊子喬、余文欽、利玉芳、吳夏暉、吳順發、吳鉤、呂興昌、李明白、李勤岸、李魁賢、杜文靖、杜潘芳格、沙卡布拉揚、何瑞雄、周明峰、周東和、周華斌、周鴻銘、岩上、東方白、林仙養、林央敏、林亨泰、林佛兒、林沈默、林宗源、林明男、林武憲、林洪權、林義勇、林錦賢、河洛、金子秀夫、阿仁、阿光、阿惠、阿嘉、思英、施炳華、段震宇、洪惟仁、洪錦田、胡民祥、范文方、郁山、海瑩、烏皮、草地人、涂順從、康原、張春凰、張清雲、張德本、莊柏林、莊秋雄、許極燉、郭明昆、陳主顯、陳明仁、陳明雄、陳明瑜、陳恒嘉、陳雷、鹿耳門漁夫、陽柯、黃元興、黃勁連、黃恒秋、黃徙、

黃樹根、楊允言、廖瑞銘、廖榮春、趙天福、趙天儀、精兵、劉輝雄、蔡丰祺、鄭良光、鄭良偉、鄭穗影、盧媽義、謝安通、謝武彰、簡忠松、簡勇、顏信星、魏眞光、羅文傑及蘇惠玲，這份名單堪謂涵蓋了當時主要的台語文學創作者。

這一數據透露的訊息是，《蕃薯詩刊》做爲台語文學主要刊物，能吸引作家的重視，激發作家的投稿意願，因而願意持續將作品交由《蕃薯詩刊》發表，遂成爲台語文作家彼此交流的平台。《蕃薯詩刊》凝聚台語文作家的向心力，提供台語文一個專屬的發表園地；不論是詩、散文、小說、書簡、譯詩、訪問或是理論篇，幾乎所有的文學形式都可以用台語做爲媒介，出現在《蕃薯詩刊》上。

1996 年《蕃薯詩刊》因內部資金及人際關係等問題而停刊後〔註 11〕，原有成員仍延續著「蕃薯詩社」的宗旨及精神，在不同場域發揮力量，如《蕃薯詩刊》主編黃勁連在擔任《菅芒花詩刊》編輯 1997 年至 1998 年發行《菅芒花詩刊》前 3 期，仍延續著《蕃薯詩刊》的編輯風格。

三、舉辦文學推廣活動

台語文學運動，做爲整體台灣民主運動中的一環，除了作家致力於文學創作外，如何喚醒一般社會大眾的重視，也是台語文學運動的重要活動。

羅文傑曾指出在早期「國語政策」下，台灣母語、原住民及客家話滅種的危機：

> 本底台灣民眾 ê 普通話－台語，最近 tī 都市裡，也漸漸有 hō 強勢 ê『國語』取代 ê 趨勢。母語 ê 流失 hō 眞濟台灣的老大人喪失了享受天倫之樂 ê 機會。Tī 文學上國語政策對台灣文學 ê 發展 ma 有絕對性 ê 破壞。本土作家無機會受本土語言 e 教育，大部分 ê 作家是用北京話思考來 the 寫本土化 ê 劇本、小說。〔註 12〕

「蕃薯詩社」以文學創作爲組織的出發點，但面向社會也不遺餘力推展了許多活動。

〔註 11〕 施俊州著，《寂寞，或是鬧熱的花園：《菅芒花》詩刊的文學實踐 Kah 內涵試論》，台南：成功大學台灣文學研究所碩士論文。2006 年。頁 77。

〔註 12〕 羅文傑著，〈國民黨語文政策 ê 本質〉，《民眾日報》，1992 年 4 月 20 日，「鄉土・文化版——臺語文學特刊」8 版。

（一）與報紙副刊合作，開闢專欄

　　由於階段式任務與傳播方式的不同，「蕃薯詩社」主要採取的是文學傳播管道的開拓，除《蕃薯詩刊》不定期的出刊外，更主動與報社合作，在《自立晚報》和《民眾日報》的副刊上，開闢台語專欄，提供給台語寫作者互相參考、並與讀者互動聯繫的機會。「起代先 kap《自立晚報》、《民眾日報》ê 副刊合作，一個月會有一工半版 ê『台語文學特刊』，ù i1991 年 6 月到 1993 年 9 月，佇《民眾日報》ê『鄉土‧文化』版頂面總共刊載 28 個月，兩多外 ê 時間。」〔註13〕

　　藉著和報紙副刊合作的難得機會，陸續刊載如〈我手寫我口〉〔註14〕、〈台語文字化的第一步〉〔註15〕、〈用母語思考〉〔註16〕、〈國民黨語文政策 ê 本質〉〔註17〕、〈動態看待台灣文學語言〉〔註18〕、〈出外人 ê 故鄉〉〔註19〕及〈台灣文學發展 ê 下一個階段〉〔註20〕等許多向大眾倡導台語文理論的文章，爭取主動的發聲機會和台語文學的發表空間。

（二）舉辦台語文學營

　　「蕃薯詩社」成立後主要的活動，除了上述靜態的刊物發行，也有動態性的活動，「辦講演會、詩歌發表會〔註21〕，mā kā 詩 kap 音樂結合，寫歌；歌是人民 ê 生活文學。」〔註22〕。1994 年由莊柏林和林宗源、黃勁連等人，

〔註13〕 林芷琪著，〈枝葉代代湠、唔驚落塗爛──談蕃薯詩社 kap 詩刊〉，《菅芒花詩刊革新號第四期》，2005 年 7 月。頁 72～73。

〔註14〕 黃勁連著，〈我手寫我口〉，《民眾日報》。1991 年 6 月 20 日，「鄉土‧文化版──臺語文學特刊」8 版。

〔註15〕 胡民祥著，〈台語文字化的第一步〉，《民眾日報》，1991 年 11 月 20 日，「鄉土‧文化版──臺語文學特刊」8 版。

〔註16〕 胡民祥著，〈用母語思考〉，《民眾日報》。1991 年 12 月 20 日，「鄉土‧文化版──臺語文學特刊」8 版。

〔註17〕 羅文傑著，〈國民黨語文政策 ê 本質〉，《民眾日報》。1992 年 4 月 20 日，「鄉土‧文化版──臺語文學特刊」8 版。

〔註18〕 胡民祥著，〈動態看待台灣文學語言〉，《民眾日報》。1992 年 6 月 20 日，「鄉土‧文化版──臺語文學特刊」8 版。

〔註19〕 羅文傑著，〈出外人 ê 故鄉〉，《民眾日報》。1993 年 4 月 20 日，「鄉土‧文化版──臺語文學特刊」8 版。

〔註20〕 陳雷著，〈台灣文學發展 ê 下一個階段〉，《民眾日報》。1993 年 5 月 20 日，「鄉土‧文化版──臺語文學特刊」8 版。

〔註21〕 1993 年 5 月 23 日，在成立 2 週年時，在台南神學院舉辦台灣現代詩演唱會。

〔註22〕 陳明仁著，〈按蕃薯詩刊、台文通訊到台語文學有聲叢刊〉，《蕃薯詩刊‧6‧油桐花若開》，台南：台笠。1994 年 8 月 1 日。頁 33。

創辦第一屆南鯤鯓台語文學營〔註23〕，「培養社會上 tui 台語文 ê 興趣 kap 認識，鼓勵少年學生來做夥參與、出力」〔註24〕，對沒有接觸過母語教育的大人和大專學生來說，「tsit 種體制外 ê 研習，提供一個母語文化 kah 文學 ê 學習管道，也借 tse 來傳承母語文化 ê 香火」〔註25〕，產生了很大的影響。

　　莊柏林也對於台語文學營所可能產生的影響，提出以下看法及期許：

　　　　參加的學員程度雖然有差別，文學營的目的，主要係訓練一寡人才，呼咱的母語普遍化，並提升母語教育的文化水準。國民黨在台灣強制實施華語教育，近半世紀，台語是弱勢語言，民進黨執政後，雖有改善，但母語未普遍化，台語文學營應該繼續到參華語同款的水準，自然就會停止舉辦。〔註26〕

他並認為台語文學營是提供互相學習的機會，互相了解的場地，冀望擦出的火花延續，成為台灣文化的一部分。

第二節　「菅芒花台語文學會」的成立宗旨及其活動

　　1998 年由黃勁連、施炳華結合在地資源成立「菅芒花台語文學會」〔註27〕。「菅芒花台語文學會」所採取的是多元化推廣的方式，除了作品流通的擴展外，更藉由舉辦各式各樣的活動，擴大與社會的接觸面。

　　王宗傑曾提到，「一步一步來行入台灣兮大街小巷，傳播臺語文學創作兮種籽。透過了意象豐富兮臺語現代詩兮欣賞，在結合社區文化發展之下，除了會當展現臺語文學生活化鄉土化兮特色以外，也可以戶社會大眾重建對臺語兮認知佮信心。」〔註28〕可看出「菅芒花台語文學會」本身不只是推動台語文學創作而已，同時肩負著母語運動及語言教學的責任。

〔註23〕 1994 年創辦的南鯤鯓台語文學營，經 1996 年、1997 年、1999 年、2001 年、2002 年、2003 年、2004 年、2005 年及 2006 年，共舉辦 10 次。

〔註24〕 林芷琪著，〈枝葉代代湠、唔驚落塗爛——談蕃薯詩社 kap 詩刊〉，《菅芒花詩刊革新號第四期》，2005 年 7 月。頁 72～73。

〔註25〕 方耀乾著，《Ùi 邊緣 kàu 多元中心：台語文學 ê 主體建構》，台南：成功大學台灣文學系博士論文。2008 年 6 月。頁 85。

〔註26〕 方耀乾採訪，〈將金針度人——莊柏林專訪過程記錄〉，《菅芒花詩刊革新號第四期——莊柏林專號》，台南：菅芒花台語文學會。2005 年 7 月。頁 16。

〔註27〕 1996 年 4 月曾成立鄉城台語讀書會，該會為黃勁連在鄉城學苑開設「台語研習班」研習結束後，有些學員為了更深入學習台語文學，而發起成立。

〔註28〕 王宗傑著，〈「一個心適兮所在」並序〉，《菅芒花詩刊　心悶》，臺南：台江。1997 年 12 月 30 日。頁 48～49。

一、「菅芒花台語文學會」的成立宗旨

　　「菅芒花台語文學會」爲紀念台南府城的台語文學家許丙丁先生「佇台南府城捌爲著台灣即塊鄉土兮文學創作、史料整理、救濟事業、財經、政治……等等兮人文貢獻。」〔註29〕用許丙丁先生曾撰寫的詩名「菅芒花」做爲社名，其配合優美熟悉的旋律，詩的內容喚起孩提時代的潛藏記憶：「菅芒花白無芳，冷風來搖動；無虛華無美夢，啥人相疼痛。世間人錦上添花，無人來探望，只有月娘清白光明，照阮兮迷夢。……」〔註30〕這是一首很有意境的文學作品，「不但『押韻』順口，『用字』典雅、『意義』深遠，所以即首正港兮『菅芒花』，對四百年來一直受到外來政權統治兮台灣人，有伊特別兮意義。」〔註31〕

　　「菅芒花台語文學會」的前身爲台南「鄉城台語讀書會」，顏惠山曾提到當時的成員：

> 讀書會兮的成員，來自南部地區各地，有賣風吹兮朋友，有逐工佇菜市仔、灶跤爲三頓咧無閒兮家庭煮婦……。雖然無共款兮職業，不過攏有一份對台灣土地兮疼痛，致使逐家有緣鬥陣做伙研究，而且將迄份創造兮才華，隨著個人兮感情來表達。一首一首兮作品，就在一次一次兮課程佮聚會中間來產生。有描寫買菜兮情景，有因爲風吹兮飄動而感傷。有兮作品兮內容雖然有需要佫進一步稽考、斟酌，但是每一個作者攏展現了上眞、上水兮生命力——親像中國上早兮「詩經」一般，不是因爲伊兮文采來流傳，卻是因爲伊兮「眞」互人感動。〔註32〕

這些學員有「大學、高中、國中、國小 ê 老師，也有家庭主婦、計程車司機、廣播電台主持人、文史工作者、生理人，各階層 ê 人 lóng 有」〔註33〕，爲

〔註29〕〈歡喜佮感謝〉，《菅芒花詩刊　菅芒花開》，台南：台江。1997 年 6 月 15 日。

〔註30〕顏惠山著，〈菅芒花台語文學創刊詞——我有聽著台灣佇血脈裡咧跳動兮聲〉，《菅芒花台語文學創刊號》，台南：菅芒花台語文學會。1999 年 1 月 1 日。頁 1。

〔註31〕董峰政著，〈正港兮菅芒花〉，《菅芒花詩刊　阿福兮風吹》，台南：台江。1998 年 7 月。頁 3。

〔註32〕顏惠山著，〈菅芒花台語文學創刊詞——我有聽著台灣佇血脈裡咧跳動兮聲〉，《菅芒花台語文學創刊號》，台南：菅芒花台語文學會。1999 年 1 月 1 日。頁 2。

〔註33〕方耀乾著，《Ùi 邊緣 kàu 多元中心：台語文學 ê 主體建構》，台南：成功大學台灣文學系博士論文。2008 年 6 月。頁 94。

了更深入學習台語文學，便由原本台南鄉城台語文讀書會的成員組成，於
1998 年 5 月 9 日在台南市鄉城生活學苑召開成立大會、理監事會議，經過
台南市政府核准成立「菅芒花台語文學會」，發行的刊物有以「鄉城台語文
讀書會」先行運作於 1997 年 6 月發刊的《菅芒花詩刊》，以及 1999 年 1 月
1 日發行的《菅芒花台語文學》。

「菅芒花台語文學會」期望能與關心台灣本土語言、文學和本土文化的
夥伴，一起努力，以達到「建立有尊嚴的台灣文學」的目的：

> 本會以「結合關懷台語文人士，維護台灣語文的延續發展，爲
> 台灣建立多語言、多文化共存的新社會基礎，促進無全語言族群的
> 互相了解、尊重佮和諧；繼承 1930 年黃石輝、郭秋生提倡的『台灣
> 話文運動』，鼓吹『喙講父母話，手寫台灣文』，建立有尊嚴的台灣
> 文學」爲宗旨。〔註34〕

二、「菅芒花台語文學會」發行《菅芒花詩刊》

1997 年 6 月 15 日創刊的《菅芒花詩刊》是一份多文類的刊物，周定邦
指出，「《菅芒花詩刊》是行文學的路線，尤其是開始發行革新號了後伊的定
位就攔卡清楚：干礁刊詩 kah 詩論。初期伊是一份地方性的同仁刊物，到了
革新號，方耀乾接總編輯了後，大量邀請會外的詩人投稿，才成做全國性的
刊物。」〔註35〕

（一）詩刊出版和發行策略

像《蕃薯詩刊》一樣，《菅芒花詩刊》堅持文學的路線，也採用不定期
的出刊方式，於 1998 年由黃勁連掛名指導老師。在黃勁連擔任編輯的前 3
期中，除了固定的刊名外，每一期都會根據當期主要內容，另定輯名，第 1
期爲《菅芒花開》（1997.06.15）、第 2 期爲《心悶》（1997.12.30）、第 3 期則
《阿福的風吹》（1998.7）。這三期詩刊，有著與《蕃薯詩刊》相似的內容風
格，每期也都有著前《蕃薯詩社》成員的作品。施俊州就曾指出：

〔註34〕〈台南市菅芒花台語文學會簡介〉，《菅芒花詩刊 菅芒花開》，台南：台江。
1997 年 6 月 15 日。頁 177。

〔註35〕周定邦著，〈風佇秋天掖種──介紹《菅芒花詩刊》佮《菅芒花台語文學》〉，
《菅芒花詩刊革新號第四期──莊柏林專號》，台南：菅芒花台語文學會。2005
年 7 月。頁 96～129。

> 《蕃薯詩刊》停刊、成員出外生湠的情形是事實，an-ne 其中
> 上好的代表恐驚 m 是陳明仁的《台文 Bong 報》、ma m 是林央敏的
> 《茄苳》，兩者攏有相對獨立、特出的運作模式，顛倒是《蕃薯詩刊》
> 主編黃勁連 chhoa 隊的《菅芒花》詩刊看會著《蕃薯詩刊》深厚的
> 影跡，尤其前三期延續《蕃薯詩刊》冊型的編輯風格、內容現拄現
> toh 是《蕃薯詩刊》的復（koh）活。〔註36〕

《菅芒花詩刊》在 2000 年 9 月 30 日，改由方耀乾擔任主編，以革新號為名，重新計算期別，並在革新號第 2 期開始推出企劃專號。革新號第 2 期是林宗源專號（2002.12）、革新號第 3 期是林央敏專號（2004.04）、革新號第 4 期是莊柏林專號（2005.07）、革新號第 5 期是菅芒花詩人群專號（2006.05），在發行到了革新號第 5 期（總刊號應為第 8 期）後，2008 年 6 月再改由藍淑貞擔任主編，捨棄革新號之名，打算合為總期數，但卻陰錯陽差地誤植為《菅芒花詩刊》第 12 期（應為第 9 期）。

　　《菅芒花詩刊》初期為一份同仁刊物，改為革新號後，大量邀請會外的詩人投稿，成為全國性的詩刊，這種策略的改變，也大大地發揮了推廣的效果，使得台語文學的創作，由原來的小眾創作與流通的文類，擴展成全國性的平台。

（二）作家及文類

　　《菅芒花詩刊》以詩刊為名，但所包括的文體也十分豐富，就像一本綜合的台語文雜誌，文類相當多元化。根據研究者的統計，整理出《菅芒花詩刊》出版迄今的 9 期中，各種文類及作品數量統計，如下表：

表3：各種文類數量表（《菅芒花詩刊》）

	文學評論	語言論壇	文字論壇	專訪	專論	詩序	詩評論	台灣文學雜誌專輯	詩	散文	小說	囡仔歌	合計	備註
數量	1	1	2	4	9	2	7	5	484	47	2	21	585	

（闕向君整理）

〔註36〕施俊州著，《寂寞，或是鬧熱的花園：《菅芒花》詩刊的文學實踐 Kah 內涵試論》，台南：成功大學台灣文學研究所碩士論文。2006 年。頁 77。

表4：作家發表文類及數量統計表（《菅芒花詩刊》）

作 者	文學評論	語言論壇	文字論壇	專訪	專論	詩序	詩評論	雜誌專輯台灣文學	詩	散文	小說	囡仔歌	合計	備註
A-hi									3				3	
For khabkhah									1				1	
方耀乾				4	2	1			22				29	
王宗傑									15	1			16	
王瑞珠												2	2	
王錦芬												2	2	
王寶星									4				4	
朱奕爵										2			2	
江天					1								1	
江嵐									2				2	
吳明治									1				1	
吳炎坤												2	2	
吳惠燕									1				1	
吳新榮									8				8	
吳鉤									2				2	
吳嘉芬									3	1		1	5	
吳鳳珠										2			2	
吳麗卿									2				2	
呂美親					1								1	
呂絹鳳									3				3	
李長青									2				2	
李南橫			1							1			2	
李惠玲									1				1	
李勤岸									23				23	
秀姑巒									1				1	
周定邦								1	30				31	

作者	文學評論	語言論壇	文字論壇	專訪	專論	詩序	詩評論	台灣文學雜誌專輯	詩	散文	小說	囡仔歌	合計	備註
周東和										1			1	
周華斌							1							1	
周鳳珠										1			1	
宜美麗									1				1	
林文平									2				2	
林央敏								1	7	1	1		10	譯台語詩1首
林玉山									1				1	
林宗源									20	1			21	
林芷琪							1						1	
林姿伶									2				2	
林淑美									3				3	
林淑鈴									1				1	
林滿足									4				4	
林龍山									4	1			5	
施俊州					1								1	
施炳華	1						1			1			3	
柯旗化									1				1	
洪惟仁										1			1	
洪錦田									9				9	
胡民祥							1		18	6			25	
胡明珠									1				1	
胡長松									5		1		6	
康原									1	1			2	
張秀滿									1				1	
張春凰							1						1	
張玲芳									1				1	

作者	文學評論	語言論壇	文字論壇	專訪	專論	詩序	詩評論	台灣文學雜誌專輯	詩	散文	小說	囡仔歌	合計	備註
張彩雲										1			1	
張清河									6	1			7	
張碧霞									1				1	
張翠苓									5				5	
張濡月									1				1	
莊柏林									21				21	
莊桂英									1				1	
許正勳									24				24	文學評論譯文1篇
許立昌									2				2	
許美玲									1				1	
許維民									1				1	
許維權									1				1	
許献平					4								4	
郭水潭									4				4	
郭楓							1						1	
陳太平									1				1	
陳正雄									20				20	
陳金順								1	10	2			13	
陳勁之											1		1	
陳昭誠									2			1	3	
陳爲信									4				4	
陳秋桂										1			1	
陳泰然									9				9	
陳珮芳												1	1	
陳雷									2				2	

作者	文學評論	語言論壇	文字論壇	專訪	專論	詩序	詩評論	台灣文學雜誌專輯	詩	散文	小說	囡仔歌	合計	備註
陳潔民									4				4	
陳蕙芬									2				2	
鹿耳門漁夫													1	
曾明泉									14				14	
曾譯瑤									1				1	
棕色果									2				2	
程鐵翼									9	1			10	
黃文政		1	1							1			3	
黃文博									4				4	
黃宜洽										1			1	
黃金汾									14				14	
黃阿惠									1	1			2	
黃勁連									17	6		4	27	
黃盈華									1				1	
黃彩戀										1			1	
黃徙									1				1	
黃湘雅									1					
王宗傑													1	
黃榮泰												3	3	
黃億萱												2	2	
楊照陽									2			1	3	
葉國基									2				2	
董峰政						1			13	1			15	
楸庵									1				1	
廖瑞明							1						1	
福爾卡庫（郭文玄）									5				5	

作　者	文學評論	語言論壇	文字論壇	專訪	專論	詩序	詩評論	台灣文學雜誌專輯	詩	散文	小說	囡仔歌	合計	備註
劉克全									1	1			2	
潘雪惠												2	2	
蔡玉仙										2			2	
蔡享哲									4				4	
蔡珊珊									1				1	
蔡清林										1			1	
鄭妹珠									1				1	
鄭雅怡									1				1	
賴和									3				3	
薛素蓮									1				1	
薛錦燕									4				4	
謝安通									3				3	
藍淑貞							2		42	3			47	
龔顯榮									1				1	
合計	1	1	2	4	9	2	7	5	484	47	2	21	585	

（關向君整理）

在《菅芒花詩刊》為數9期12種文類共585筆的作品中，共有118位作家曾經發表過至少一篇的作品。文學評論詩、語言論壇、文字論壇、專訪、專論、詩序、詩評論、台灣文學雜誌專輯、詩、散文、小說及囡仔歌等，幾乎所有的文學形式都可以用台語做為媒介，出現在《菅芒花詩刊》上。

施俊州曾指出，「toh 是以早 khah 無華語文學的書寫經驗，九○年代才來出phiaN、覺悟寫台文的慢熟世代；《菅芒花》詩刊成員，大部分攏屬於 chit 種作家。」〔註37〕基本作者有：A-hi、For-khabkhah、方耀乾、王宗傑、王貞文、王瑞珠、王錦芬、王寶星、朱奕爵、江天、江嵐、吳明治、吳炎坤、吳惠燕、吳新榮、吳鉤、吳嘉芬、吳鳳珠、吳麗卿、呂美親、宋澤萊、呂絹鳳、李長青、李南橫、李惠玲、李勤岸、秀姑巒、周定邦、周東和、周華斌、周鳳珠、宜美麗、林文平、林央敏、林玉山、林宗源、林芷琪、林姿伶、林淑美、林淑鈴、

〔註37〕施俊州著，《寂寞，或是鬧熱的花園：《菅芒花》詩刊的文學實踐 Kah 內涵試論》，台南：成功大學台灣文學研究所碩士論文。2006 年。頁 39～40。

林滿足、林龍山、施俊州、施炳華、柯旗化、洪惟仁、洪錦田、胡民祥、胡明珠、胡長松、康原、張秀滿、張春凰、張玲芳、張彩雲、張清河、張碧霞、張翠苓、張濡月、莊柏林、莊桂英、許正勳、許立昌、許美玲、許維民、許維權、許獻平、郭水潭、郭楓、陳太平、陳正雄、陳金順、陳勁之、陳昭誠、陳爲信、陳秋桂、陳泰然、陳珮芳、陳雷、陳潔民、陳蕙芬、鹿耳門漁夫、曾明泉、曾譯瑤、棕色果、程鐵翼、黃文政、黃文博、黃宜洽、黃金汾、黃阿惠、黃勁連、黃盈華、黃彩戀、黃徙、黃湘雅、黃榮泰、黃億萱、楊照陽、葉國基、董峰政、楸庵、廖瑞明、福爾卡庫、劉克全、潘雪惠、蔡玉仙、蔡享哲、蔡珊珊、蔡清林、鄭妹珠、鄭雅怡、賴和、薛素蓮、薛錦燕、謝安通、藍淑貞及龔顯榮，這份名單除了當時的台文學者外，又加入許多夥伴。

三、「菅芒花台語文學會」發行《菅芒花台語文學》

「菅芒花台語文學會」發行《菅芒花台語文學》，重要成員的方耀乾曾提到：

> 《菅芒花台語文學》ê 同仁刊物性質比《菅芒花詩刊》koh-khah kuân。會發行《菅芒花台語文學》其中一個足大 ê 原因是菅芒花台語文學會會內有一部分同仁無寫詩，有 ê 同仁是新手，成做一個學習團體 ê 菅芒花台語文學會有必要爲 tsia ê 同仁提供發表 ê 園地。當然也是刊登 bē 少外稿。〔註38〕

而《菅芒花台語文學》的宗旨是：

> 1. 繼承 1930 年黃石輝、郭秋生提倡分「台灣話文運動」，鼓吹『喙講父母話，手寫台灣文』，建立有尊嚴、有水準分台灣文學。
> 2. 探討台灣文學分源頭、歷史分發展、現此時分狀況俗未來分走向。
> 3. 創造有主體性、有本土觀、有世界觀分現代文學。
> 4. 聯絡疼惜台灣本土語言、文學俗關心台灣本土文化分友志，共同拍拼、奮鬥。〔註39〕

〔註38〕方耀乾著，《Ùi 邊緣 kàu 多元中心：台語文學 ê 主體建構》，台南：成功大學台灣文學系博士論文。2008 年 6 月。頁 98。

〔註39〕方耀乾，〈阮分四個宗旨俗四個主張〉《菅芒花臺語文學創刊號》，台南：菅芒花台語文學會。1999 年 1 月 1 日。頁 6。

《菅芒花台語文學》的主張是：

1. 講母語、用母語寫作是天賦分人權亦是袂使閃避分義務。
2. 未來分台灣文學是用台灣語文書寫分文學。
3. 文學創作會使是橫分移植、縱分傳承，不過，一定是釘根佇現此時分土地、人民佮社會分文學。
4. 文學應該包容所有分創作形式佮內容，不過，無贊成無病烏白哼、七迌物、應酬、相扶相褒、故弄玄虛分文學。〔註40〕

這 4 個主張「凸顯新世代對台語文學未來 koh-khah 多元、koh-khah 開放、koh-khah 有遠見 ê 文學史觀意義。」〔註41〕

（一）文刊出版和發行策略

《菅芒花台語文學》第 1～3 期的主編為方耀乾，第 4 期主編為周定邦。第 1 期創刊號於 1999 年 1 月 1 日出版，用許丙丁的相片做封面，有台語漢字探討、褒歌欣賞佮導讀各 1 篇；之後以人物或寫實照片為封面，便成為《菅芒花台語文學》的特色，例如於 1999 年 4 月 1 日出版的第 2 期，便用賴和的相片做封面；2000 年 1 月 1 日出版的第 3 期，則用 921 大地震的相片做封面；2001 年 10 月 1 日出版的第 4 期，則用郭秋生的相片做封面。只有四期便停刊了。

雖然，「菅芒花台語文學會會員 ê 文學素養猶是無夠——ê。」〔註42〕，但是，就如同《菅芒花台語文學創刊詞》文中所提，「鄉城台語讀書會分成員用『真』來歌詠台灣，來閱讀生活，所以才會使人感動。今仔日，讀書會會員在累積了豐沛分創作作品，想卜佇刊物園地發表，互作品會當記錄佮流傳。」〔註43〕

（二）作家及文類

《菅芒花台語文學》出版迄今的 4 期中，根據研究者的統計，整理出各種文類及作品數量統計，如下表：

〔註40〕方耀乾，〈阮分四個宗旨佮四個主張〉《菅芒花臺語文學創刊號》，台南：菅芒花台語文學會。1999 年 1 月 1 日。頁 6。

〔註41〕方耀乾著，《Ùi 邊緣 kàu 多元中心：台語文學 ê 主體建構》，台南：成功大學台灣文學系博士論文。2008 年 6 月。頁 99。

〔註42〕方耀乾著，《Ùi 邊緣 kàu 多元中心：台語文學 ê 主體建構》，台南：成功大學台灣文學系博士論文。2008 年 6 月。頁 97。

〔註43〕顏惠山著，〈菅芒花台語文學創刊詞——我有聽著台灣佇血脈裡咧跳動分聲〉，《菅芒花台語文學創刊號》，台南：菅芒花台語文學會。1999 年 1 月 1 日。頁 2～3。

表 5：各種文類數量表（《菅芒花台語文學》）

語言論壇	專論	評論空間	文章導讀	台灣文學學期報告	台文天地	人物專訪	台語專欄	演講稿	民間文學採集	褒歌欣賞和導讀	七字仔	歌謠創作	台灣笑詼	答喙鼓	詩	散文	小說	合計
數量 4	2	6	7	2	2	1	1	1	1	1	7	2	1	1	82	30	1	152

（關向君整理）

表 6：作家發表文類及數量統計表（《菅芒花台語文學》）

作者	語言論壇	專論	評論空間	文章導讀	台灣文學學期報告	台文天地	人物專訪	台語專欄	演講稿	民間文學採集	褒歌欣賞和導讀	七字仔	歌謠創作	台灣笑詼	答喙鼓	詩	散文	小說	合計
一七絃																1			1
方耀乾			2	1												6	1		10
王宗傑																1			1
玉君兒																	1		1
吳仲堯																2			2
吳炎坤				1															1
吳現山																			2
李國肇																1			1
李清澤																	1		1
周定邦	1							1					1			5	1		9
周長緝		1																	1
念台																	1		1
林三桂																	1		1
林文平																3			3
林明堃																2			2
林芳仕																1			1

作者	語言論壇	專論	評論空間	文章導讀	台灣文學學期報告	台文天地	人物專訪	台語專欄	演講稿	民間文學採集	褒歌欣賞和導讀	七字仔	歌謠創作	台灣笑詼	答喙鼓	詩	散文	小說	合計
林滿足												1					1		1
林龍山																3	1		4
阿芬																1			1
阿俊																	1		1
施炳華	2		2					1											5
洪淑瑗				1															1
洪錦田																3			3
洞天																	1		1
胡民祥			1																1
胡明珠																1			1
胡長松																1			1
郭昭旻												1							1
張美燕																	1		1
張清河																2	1		3
張浚欽											1								1
莊錦秀				1															1
許正勳										1						6	3		10
陳正雄																4			4
陳明雄																1			1
陳金順																2	2		4
陳昭誠																1			1
陳敏																1			1
陳義雄																1			1
陳潔民																5			5
陳麗珍																1			1
粘家財																1			1

作者	語言論壇	專論	評論空間	文章導讀	台灣文學學期報告	台文天地	人物專訪	台語專欄	演講稿	民間文學採集	褒歌欣賞和導讀	七字仔	歌謠創作	台灣笑詠	答喙鼓	詩	散文	小說	合計
曾明泉																5			5
黃文政				2		1						2（整理篇）					2		7
黃金汾												1				6			6
黃阿惠																	4		4
黃彩如							1												1
楊照陽																	2		2
葉秀惠																1			1
葉笛		1																	1
董峰政	1		1	2		1					1			1	1	5			13
劉克全																	1		1
劉英孜				1															1
蔡玉仙																	1		1
蔡享哲																1			1
蔡侑君																1			1
蔡孟宗																1		1	2
戴錦綢																1			1
藍淑貞																5	3		8
合計	4	2	6	7	2	2	1	1	1	1	1	7	2	1	1	82	30	1	152

（關向君整理）

　　在《菅芒花台語文學》為數 4 期 18 種文類共 152 筆的作品中，共有 59 位作家曾經發表過至少一篇的作品。計有：一七絃、方耀乾、王宗傑、玉君兒、吳仲堯、吳炎坤、吳現山、李國肇、李清澤、周定邦、周長緝、念台、林三桂、林文平、林明堃、林芳仕、林滿足、林龍山、阿芬、阿俊、施炳華、

洪淑瑗、洪錦田、洞天、胡民祥、胡明珠、胡長松、郭昭旻、張美燕、張清河、張浚欽、莊錦秀、許正勳、陳正雄、陳明雄、陳金順、陳昭誠、陳敏、陳義雄、陳潔民、陳麗珍、粘家財、曾明泉、黃文政、黃金汾、黃阿惠、黃彩如、楊照陽、葉秀惠、葉笛、董峰政、劉克全、劉英孜、蔡玉仙、蔡享哲、蔡侑君、蔡孟宗、戴錦綢、藍淑貞。這份名單中主要的作家如方耀乾、施炳華、許正勳、陳正雄、董峰政及藍淑貞等皆爲「鄉城台語讀書會」的會員，而這一數據透露的訊息是，《菅芒花詩刊》及《菅芒花台語文學》承繼《蕃薯詩刊》後，持續吸引作家的認同與重視，提高發表作品的意願，積極凝聚了台文作家的向心力。

四、舉辦文學推廣活動

「菅芒花台語文學會」時期，更藉由舉辦各式各樣的活動，擴大與社會的接觸面，王宗傑指出：「在結合社區文化發展之下，除了會當展現臺語文學生活化、鄉土化兮特色以外，也可以戶社會大眾重建對臺語兮認知佮信心。」〔註44〕他更說：「菅芒花台語文學會」所肩負社會推廣責任，「臺語文學有一个眞基本兮理念，就是任何一種族群兮語文，攏是對應一種族群兮文化資產；內面保存了性命和土地互動進化變遷兮歷史跤跡。起造一个多語言、多文化，互相疼惜尊重，有情有義，充滿理性進化氣象兮新社會。」〔註45〕

「菅芒花台語文學會」，雖以文學創作爲創會的出發點，但是對社會教育的推廣活動更是不遺餘力。

（一）舉辦「府城台語開講」系列演講

爲了要提倡「台灣話文運動」，鼓吹「喙講父母話，手寫台灣文」，建立有尊嚴台灣文學的宗旨，「菅芒花台語文學會」辦了很多推展台語文學的活動。「府城台語開講」系列演講的目的有三項：一、了解台語的歷史、特色佮優點。二、認識台語文學的表達方式，欣賞台語文學的能力。三、認識祖先寶貴的文化遺產，釘根台灣本文化。這些活動包括 1998 年的「吳園台語開講」，以及 1999～2001 年「府城台語開講」。

〔註44〕王宗傑著，〈傳播臺語文學種籽——「臺灣歌詩之夜」今卜行向社區〉，《菅芒花詩刊　心悶》，台南：台江。1997 年 12 月 30 日。頁 113。

〔註45〕王宗傑著，〈「一個心適兮所在」並序〉，《菅芒花詩刊　心悶》，台南：台江。1997 年 12 月 30 日。頁 48～49。

（二）舉辦台語研習班〔註46〕

1999 年台南市立圖書館「趣味台語研習班」、台南市民眾服務社「台語文研習班」、台南高商「教師台語文研習班」、國立台南社教館「台語文學研習班」（1999～2001）、復興國中「台南市第十期中小學雙語師資研習班」、國民黨台南市安南區民眾服務社「台語文學研習班」、台南市社區大學──台語文學學程（2000～）。2006 年百達文教中心「台語歌劇、歌謠講座」（4 場）、「台語歌謠系列講座」（4 場）及台南監獄「台灣意象──『台語之美饗宴』」；2007 年百達文教中心「台語戲曲系列講座」（4 場）、金華活動中心「發現台語之美──社區講座」（4 場）、誠品書局長榮店「發現台語之美──文學對談」（4 場）、台南市社教館「府城婦女權益邁向性別主流化系列活動──教育紮根、文化落實、從婦女做起」；2008 年百達文教中心「台語說書系列講座」（4 場）。〔註47〕

（三）舉辦台灣歌謠歌詩演唱會〔註48〕

1997 年《菅芒花詩刊》第二集發表會、「菅芒花台灣歌謠歌詩之夜」、1998 年「運河詩情之夜」、台南市崇學國小「菅芒花詩宴──台灣歌謠歌詩吟唱會」、《菅芒花詩刊》第三集發表會、台南高商「台灣歌謠歌詩之宴」；1999 年「台灣褒歌之夜」、吳園「台灣現代歌詩之宴」、張國堂文教基金會「台灣歌謠歌詩之夜」、公共電視台錄製「菅芒花台灣歌謠歌詩之宴」和「台灣褒歌」、嘉義縣瑞里若蘭山莊「台灣歌謠歌詩之宴」和「台灣褒歌之夜」、新化高中「台灣歌謠歌詩之宴」、台南市誠品書局「台灣歌謠歌詩之宴」和「台灣褒歌之夜」、台南市土城正統鹿耳門聖母廟「第一屆台灣文史營」暗會──「台灣歌謠歌詩之夜」、「台南市八十八學年度台語之美到校巡迴演出」、遠東百貨公司公園店「紋化遠百」──「台語之美」暗會；2000 年聖功女中「台語詩歌的天地」、「第六屆世界台語文化營」──「台語文化之夜」、台南市古蹟夜間藝文沙龍──南門秋語、「菅芒花詩刊革新號」創刊發表會──「菅芒花歌詩饗宴」；

〔註46〕周定邦著，〈風伨秋天挶種──介紹《菅芒花詩刊》佮《菅芒花台語文學》〉，《菅芒花詩刊革新號第四期──莊柏林專號》，台南：菅芒花台語文學會。2005 年 7 月。頁 98。

〔註47〕藍淑貞編，《菅芒花詩刊第十二期──台灣野百合》，台南：菅芒花台語文學會。2008 年 6 月。頁 261～262。

〔註48〕周定邦著，〈風伨秋天挶種──介紹《菅芒花詩刊》佮《菅芒花台語文學》〉，《菅芒花詩刊革新號第四期──莊柏林專號》，台南：菅芒花台語文學會。2005 年 7 月。頁 98～99。

2001 年崇學院社區「元宵暝，臆燈謎」、府城媽祖文化城、台南土城鹿耳門聖母廟「第三屆台灣文史營」晚會；2004 年國家台灣文學館「再現菅芒風華——2004 年紀念許丙丁先生台語歌詩歌謠之宴」、百達文教中心「菅芒花台語歌謠歌詩之夜」。

（四）舉辦台語文學營

「菅芒花台語文學會」從 1998 年辦理台南市南區明興社區「兒童台語夏令營開始，便持續辦理了一連串的台語文學營。1999 年鄉城文教基金會「兒童台語文學營」、台南市鹿耳門天后宮「第三屆鹿耳門台灣文學營」、2000年承辦「第六屆世界台語文化營」、2006 年 2 月在南鯤鯓代天府的檳榔山莊舉辦「第十屆台語文學營」止，台語文學營的確發揮了推廣台語文學的重要任務，主辦單位總結這類文學營的意義及作用在於：

> 探討台灣文學分源頭、歷史分發展、現此時分狀況佮未來分走
> 向，繼承 1930 年黃石輝、郭秋生提倡分『台灣話文運動』，鼓吹『喙
> 講父母話，手寫台灣文』，建立有尊嚴分台灣文學、關懷台灣、放眼
> 世界，建設有主體性、有本土觀、世界觀分現代文學、聯絡疼痛台
> 灣本土語言、文學，佮關心台灣本土文化分友志，手牽手、心連心
> 共同拍拚、奮鬥。〔註49〕

（五）協助學校台語社團〔註50〕

除了對廣大的社會大眾推展台語文學外，更進入校園協助學校台語文學社團，透過定期性有組織的社團活動，向下紮根，包括南英商工台語社、台南師範學院台語社、國立台南一中台灣文化社、台南女子技術學院台語社等。

（六）辦理國中小台語比賽〔註51〕

2006 年台南市社教館「全國國中小學『台灣民間故事閩南語講古比賽』」；2007 年台南市文化中心「台南市國中小學『台語現代詩朗誦比賽』」。

〔註49〕 第十屆台語文學營宗旨，2006 年 2 月 7 日（拜二）至 2 月 11 日（拜六）ti 台南縣北門鄉康榔山莊舉辦。

〔註50〕 周定邦著，〈風佇秋天披種——介紹《菅芒花詩刊》佮《菅芒花台語文學》〉，《菅芒花詩刊革新號第四期——莊柏林專號》，台南：菅芒花台語文學會。2005年 7 月。頁 99。

〔註51〕 藍淑貞編，《菅芒花詩刊第十二期——台灣野百合》，台南：菅芒花台語文學會。2008 年 6 月。頁 261。

（七）參與母語政策公聽會和研討會〔註52〕

大凡關於新事物的推行與新觀念的開啟，借助於公權力將之納入制度組織之中，是最有效的作法，對此台語文學社團，亦積極參與、舉辦相關政策公聽會與論壇，以鼓吹台語納入正規教育制度的運作中，這些努力包括：

1. 1999 年 6 月 6 日參加教育部在高雄舉辦的「九年一貫教育」公聽會，表達國中小鄉土語言課程應該列入必選的主張。

2. 1999 年 6 月 19 日協辦「台灣母語文化重生與再建學術研討會」（台南市文化基金會主辦）。

3. 1999 年 7 月 7 日參加在台北市台大校友會館舉行的「鄉土語言應為各族群學童必修課」的記者會和在教育部舉辦的「要求母語必修之重要性」座談會。

4. 1999 年 9 月 15 日在台南市文化基金會舉辦「台灣語言音標討論會」。

5. 1999 年 11 月 15 日發動「九年一貫課程，確應必選台灣母語」連署活動。

6. 1999 年 12 月 12 日在台灣大學理學院思亮館國際會議廳，和台南市文化基金會、教改會、民視電視公司主辦「台灣語文政策研討會」。

7. 2000 年 8 月 9 日參加在高雄市由南社和教育部舉辦，針對教育部九年一貫母語課程，母語師資和各大學院校設立台灣語言教育系所和台灣文學系所的座談會。

8. 2000 年 9 月 19 日在自由時報發表「文化覺醒，母語重生」的文章，向新政府針對母語政策提出建言。

9. 2000 年 9 月 29 日參加南社和高雄市政府教育局、社會局主辦的「推動母語由幼稚園開始實施」活動。

10. 2000 年 12 月 17 日，參與民視 2000 年台語文研討會。

11. 2000 年 12 月 20 日，參與台南市政府教育局「母語標音系統公聽會」。

本章集中探討了「蕃薯詩社」和「菅芒花台語文學會」的創社宗旨及其所推行的各項活動，這二個台語「文學社團」固然以文學為出發點，但是從成立宗旨及其活動內涵可以發現，這二個社會還負有「表現社會人生、反抗

〔註52〕周定邦著，〈風伶秋天掖種──介紹《菅芒花詩刊》佮《菅芒花台語文學》〉，《菅芒花詩刊革新號第四期──莊柏林專號》，台南：菅芒花台語文學會。2005 年 7 月。頁 99～101。

惡霸、反映被壓迫者佮艱苦大眾的生活心聲」、「追求台語的文字化佮文學化」
以及「喙講父母話、手寫台灣文，建立有尊嚴的台灣文學」等任務。這些超
越純文學活動的目的，事實是緣於台灣特殊的政治社會，雖然台語是台灣社
會中最多人使用，在九○年代以前台語的確是不受鼓勵與學習的語言，更遑
論做為文學的書寫工具。然而在「薯蕃詩社」及「菅芒花台語文學會」所推
行的各類活動中，我們可以看出其努力的成果。

第三章 「蕃薯詩社」及「菅芒花台語文學會」的文學主張

做爲文學社團組織，儘管「蕃薯詩社」和「菅芒花台語文學會」，有著超越文學的民族運動目標，然而這些理想與目標仍必須在文學主張中加以落實。本章將進一步從「蕃薯詩社」和「菅芒花台語文學會」所刊行的文本去探討其文學主張。

第一節 「蕃薯詩社」的文學主張

本節針對刊行於《蕃薯詩刊》中的有關論述進行探討，主要關注的議題在「台灣語言文化主體性 ê 重建 kah 母語文字化、文學化 ê 推 sak」〔註 1〕，如何實踐出「用台灣本土語言創造正統台灣文學」、「提升台語文學及歌詩的品質」及「追求台語的文字化及文學化」的「蕃薯詩社」創社宗旨。

一、台灣語言文化主體性的重建

由於「蕃薯詩社」的創社宗旨之一在「用台灣本土語言創造正統台灣文學」，因此詩刊中論述都集中在闡述這個論點，若再深入分析歸納論述的內容，又可發現詩刊內容是從強調母語的重要性、描繪母語之美，而這兩個主張的目的，又指向是爲了建立台灣語言文化的主體性。

〔註 1〕方耀乾著，《Ùi 邊緣 kàu 多元中心：台語文學 ê 主體建構》，台南：成功大學台灣文學系博士論文。2008 年 6 月。頁 80。

（一）肯定台語之美

世界上任何一種語言都是來自所源起的環境，用以指涉在那個環境下生活的所有一切，它的光明面與黑暗面，因此就語言的整體而言，它們之間不應有所謂的高低、粗俗之分，因為任何語言之內，都會發展出不同生活情境層次的語彙選擇，因此若過度的強調某種語言的粗俗面，是一種刻意的誤導。而這種對特定語言的鄙視，特別在過去數十年間，對台灣各族母語的污名，也連帶地滑移到母語文學，更進而建構出族群不平等的社會位階。

努力於台語文學理論建構的方耀乾，即曾在他的論文中，指出這種現象，並且認為「對被疏忽的原因提出研究，瞭解其中的原因而且提出解決的建議，對台灣文學史的空白有縫合的作用。」〔註2〕，亦即當了解到將台語視為粗俗不登大雅之堂的污名，是來自於當權者刻意的打壓時，將能拆除台灣文學創作人及閱聽人心中的那堵高牆，而還原回母語之美的最初風貌。

黃勁連即曾提到台語的美：

> 台語是咱分母語，咱一般儂阿老阿母分語言、阿爸分話，多少帶有情感上主觀分認同；但是客觀分立場，由學術上來探討，咱會當發覺台語分水是有伊水分理由分。……台語水，第一個理由，是古意、古典、樸素、優雅。……。第二個理由，是伊分音樂性非常分豐富。……。第三個理由，是伊語詞的發達。……。第四個理由，是伊意象分水，佮語言表達分智慧。……。第五個分理由，是伊表現大海洋分精神。……。第六個分理由，是伊分進步性、創造性。〔註3〕

認為台灣話是一具有豐富藝術性、音樂性、文學性的語言的觀點，並非是一種我族文化的設想，相對於北京話的四音，台語足足有八音之多，從中所能發揮出的豐富音律，足可顯現出台語是充滿聲律之美的語言。林宗源在談到他的詩觀時，亦大聲反對那些認為台語詩是粗俗的論點，指出「母語的音調是傳達情感的基點，是感情的韻律，韻律在詩的語言中間具有音樂的節奏。」〔註4〕

〔註2〕方耀乾著，〈是意識型態抑是不學無術──台語文學 Ti「台灣文學史」缺席的原因探討〉，《台灣文學正名》。2006 年。頁 109。

〔註3〕黃勁連著，〈台灣分水〉，《蕃薯詩刊‧7‧台灣詩神》。1996 年 6 月 10 日。頁17～21。

〔註4〕江天著，〈林宗源的詩觀〉，《蕃薯詩刊‧4‧郡王牽著我的手》，台南：台笠。1993 年 6 月 1 日。頁 31。

趙天福也表示,「台語、客語及原住民語、平埔語,比北京語,聲調佮儕,音樂性佮豐富;語言分音樂性佮水,佮佮好聽。佮一點,眞重要分著是,台語是我分母語,演起來當然佮端的、佮純,純分味有夠,佇遮生活分儂聽著則會感覺水,感覺水著會產生美感,心中則會共鳴。」〔註5〕因此,要發展台灣的地方藝術文化較有可能。

除了出於感性的認同母語之美外,母語文化風俗保存重要性上,也是《蕃薯詩刊》眾作家所強調的。

(二)強調母語的重要性

「言文一致」的理論,是從文學創作的角度,論述母語重要性的一個有力的論點。林央敏在提到黃勁連的創作時,指出「有時陣語言愈純正兮作品,會互儂感覺愈活、愈傳神。」〔註6〕,就是那種用從土地生成出來語言文字,來描寫土地上發生的悲歡離合才對味的感覺,也才能發揮凝聚在地意識的功能。

關於母語的功用,林宗源指出,「語言是一種表情表意的機能,唔是工具,文字本身會使(e sai 可以)講是工具,但是,佇文學的功能,因爲我手寫我口的關係,文字愛做到有機性、機能化,才會活靈靈做到自然天成的境界。文字若是當作工具來使用,會流入詩匠的地步。」〔註7〕而台語因是口語,更兼具了原創的、活潑的、豐富的、自由的、有生命的特質,隨時產生新的語詞與意味。詩人按感情的激動,只有應用自己熟悉的母語才能充分表達自己的民族文化,「詩人的使命,著愛大膽去創新,使用現時咧活的口語,就是用母語做主體,同時吸收已經普遍咧使用的外來語,佮融合台灣各族的語言,創造來豐富台語……。」〔註8〕因此,他想用他的詩來證明,「台語亦是文學的語言,台語文學才是台灣本土主體的文學」〔註9〕

〔註5〕趙天福著,〈一個演歌者分感慨──對文化會議語言使用分感想〉,《蕃薯詩刊・5・台灣製》,台南:台笠。1993 年 12 月 15 日。頁 55。

〔註6〕林央敏著,〈用疼心醞釀出來分滋味〉,《蕃薯詩刊・4・郡王牽著我的手》,台南:台笠。1993 年 6 月 1 日。頁 38。

〔註7〕江天著,〈林宗源的詩觀〉,《蕃薯詩刊・4・郡王牽著我的手》,台南:台笠。1993 年 6 月 1 日。頁 27。

〔註8〕江天著,〈林宗源的詩觀〉,《蕃薯詩刊・4・郡王牽著我的手》,台南:台笠。1993 年 6 月 1 日。頁 33。

〔註9〕林宗源著,〈得獎的心內話〉,《蕃薯詩刊・6・油桐花若開》,台南:台笠。1994 年 8 月 1 日。頁 68。

　　陳恒嘉即主張，「講母語是咱的『天賦人權』，咱唔但有權利使用，更有義務保護」〔註10〕，所謂的母語是指在這塊土地上所有的人與生俱來的自己的語言，包括了原住民各族的族語、各外省同胞的各地方言、客家人的客家話及台灣閩南語，這些經過祖先數千年來創造、改進及約定俗成而累積來的語言，是智慧結晶，不容後代子孫忘記。而語言又靠著文字來記錄及流傳，沒有文字來記錄的語言，經過一段時間，就會變質或失傳，因此，「母語失落」的這一代，亟需進行母語的重建運動。

　　陳雷也表示，「當今 bē 少台灣人對家己 ê 母語（福佬話、客話、原住民語），有幾點嚴重 ê 錯覺。……。咱若是 beh 推動台語母語，對 chia ê 錯覺 ê 內容代先愛去瞭解 kap 糾正。」〔註11〕，文章裡同時講到一般人對台語的錯覺是無格、無用、無字、無需要及語言，只是交通意見的工具。因此，陳雷認為，四百年來的殖民地經驗，讓台灣的文學狀況是，「口語文學 kap 寫語文學 tī 語言上 ê 分裂」〔註12〕

　　羅文傑也提到「語言是一個人 ê 自我認同，也是一個民族 ê 群體認同，語言屠殺是消滅被統治者群體認同、民族意識上有效 ê 方法。」〔註13〕，進而傳達世界上若準有台灣這個民族，台灣人若是有決心要建立一個用台灣文化做母體的國家，台灣文學用台語來寫作是必然的方向。

　　上述這些作家雖然從不同的角度來提醒台灣文學的重要性，但是對運用在地母語，來敘說在地故事與情感則是完全一致的看法，因為語言不僅僅只是溝通的工具，更是自己土生土長的語言。因而強調母語的重要性，其意義與目的，不僅僅是停留在文化層面的保留一種語言而已，更是對自我認同建構重要的一環。

（三）建立台灣文化的主體性

　　上述的論述指向，母語對自我認同的重要性，亦即透過對母語的重視，是建立台灣文化主體性的重要過程。

〔註10〕陳恒嘉著，〈母語、土語、國語、標準語及普通話〉，《蕃薯詩刊·2·若夠故鄉的春天》，台南：台笠。1992 年 4 月 15 日。頁 51。

〔註11〕陳雷著，〈台灣人對台灣母語 e 錯覺〉，《蕃薯詩刊·5·台灣製》，台南：台笠。1993 年 12 月 15 日。頁 29。

〔註12〕陳雷著，〈賴和文學 ê 精神〉，《蕃薯詩刊·6·油桐花若開》，台南：台笠。1994 年 8 月 1 日。頁 16。

〔註13〕羅文傑著，〈對台語文學 e 期待——建立台灣主體性台語白話文〉，《蕃薯詩刊·6·油桐花若開》，台南：台笠。1994 年 8 月 1 日。頁 5。

　　文化是人類生活的一切，是人類所建構的所有表徵系統，而語言又是這些表徵系統中，最重要的二種符號系統，透過語言的傳遞，得以將個別心靈所思所見，匯集成集體意識，凝聚成生命共同體，一起分享歷史進程中的榮辱與悲喜。對於台灣語言文化主體性的重建的主張，李勤岸指出台灣作家應該不管現在的名聲及地位如何，開始學習母語寫作，建立台灣人自己的文學傳承：

　　　　如果咱若會當世世代代使用仝一個語言來寫作，反倒轉一直停
　　留 tī tòe 人講話、寫作 ê 階段，一直 teh『學人寫字』，咱 beh 按怎有
　　可能建立咱家己的文學傳承？〔註14〕

上述引文顯示，「學人寫字」終究是以他的觀點來記錄自己的歷史，永遠無法建立自我的文化詮釋權，因而強調應對台灣語言文化主體性進行重建、用母語進行文學創作的論述。持有這類觀點的文章，最早可追溯到 1991 年林央敏發表的〈回歸台灣文學的面腔〉。林央敏指出，文學的聲音源於文學的創作用語，只有語言才有使文學具有獨特「面腔」的功能，並認為目前的台灣人，因為長期在殖民式的文化環境內，時間久了就產生一種反常的思考模式，才會一時想不通，不肯接受這種再自然不過的道理。

　　除了正面的肯定母語文學創作對文化主體建立的重要性，羅文傑則從反面的的觀點論述缺少文化主體性的負面影響，他指出國民黨語文政策對台灣有政治、文化及經濟三方面的影響，尤其在文化上，「『國語』政策之下，台灣儂 ê 母語面臨滅種的危機，原住民及客家話 ê 情形特別嚴重。」〔註15〕，而當「台語使用 ê 空間受限制，台語本土文化漸漸衰微，對鄉土 ê 感情及認同也慢慢消失。」〔註16〕。當然這種對錯誤政策的抨擊，並非僅以特定的政權為對象，而是著眼於文化、語言的保存，亦即任何政權只要是違反了多元文化與語言運用的理想，都是必須予以譴責的，因為政權是一時的，而文化是久遠的。

　　鄭穗影曾以溫萬華在〈現階段臺灣文學本土化的問題〉一文中，對「臺灣意識」所表明的意見為例，認為：

〔註14〕李勤岸著，〈歷史不斷重演的台灣文學運動〉，《蕃薯詩刊·7·台灣詩神》，台
　　　　南：台笠。1996 年 6 月 10 日。頁 1～3。
〔註15〕羅文傑著，〈國民黨語文政策 ê 本質〉，《蕃薯詩刊·2·若夠故鄉的春天》，台
　　　　南：台笠。1992 年 4 月 15 日。頁 58。
〔註16〕羅文傑著，〈國民黨語文政策 ê 本質〉，《蕃薯詩刊·2·若夠故鄉的春天》，台
　　　　南：台笠。1992 年 4 月 15 日。頁 56。

　　　　國家可以變，政府可以變，政治可以變；語言永遠存在，就永
　　　遠「有口述文學」或者「書面文書」。以一個作家來論，對伊上介好
　　　表現的語言，就是伊的「母語／民族語」；母語是對儂的心肝底自然
　　　的生出來的。〔註17〕

　　對於台灣文學的自主性，鄭穗影認為這是一個自明之理，根本無需爭議，
他指出「臺灣文學的本土性與自主性，不是理論的問題，而是行動的實踐。作
家的最具體行種（動），便是拿出作品，當真正美好的作品問世時，所有的爭論
都將歸於寧靜。」〔註18〕，亦即鄭穗影認為，與其花費心血去爭論母語的重要
性與必要必要性，還不如起而行的進入創作的實踐階段，直接由作品說話。此
說雖然有其不可否認的豪氣，但理論的作用，在於形成廣泛、抽象的原理原則，
用以發揮指引的作用，統攝眾人之力，以達事半功倍之效，因此仍有其必要性。

　　思英也曾指出，「今仔日，台灣每一個人、家庭、群體攏想 beh『向前行』，
攏想 beh 行家己 ê 方向、家己 ê 價值觀」〔註19〕，並認為目前台灣政治民主化、
本土化的動向愈明顯，有特色與主體性的台灣文化，正不斷形成中。

　　歸結而言，主張台灣語言文化主體性重建的理想，並不在於重新建造一
個新的語言或文化霸權，而是尊重居住在這塊土地上，台灣人要用自己的話
來描繪台灣的土地，傳承台灣人的心情、生活、文學及文化。各族群所擁有
的獨特文化，要將過去政府錯誤的語言政策扭轉過來。

二、母語文字化、文學化的推展

　　在確立了以台灣話寫台灣文學的主張之後，如何將台灣話予以文字化則
是另一項必須予以探討的議題。而這項議題，也正是《蕃薯詩刊》創刊的重
要宗旨之一。

　　林宗源在《蕃薯詩刊》的創刊也提到，「咱講台灣文學、台灣文化，在我
想若是無完成台語文字化，創造一套咱家己的文字來使用，台灣文學及文化
就無法度生根落土，若按呢大欉開花結的果子，一定攏是半南洋的，半仿仔

〔註17〕　鄭穗影著，〈台灣文學的「正名」〉，《蕃薯詩刊・3・抱著咱的夢》，台南：台
　　　　　笠。1992 年 10 月 22 日。頁 3～4。
〔註18〕　鄭穗影著，〈台灣文學的「正名」〉，《蕃薯詩刊・3・抱著咱的夢》，台南：台
　　　　　笠。1992 年 10 月 22 日。頁 4。
〔註19〕　思英著，〈台灣文化 ê 特色〉，《蕃薯詩刊・4・郡王牽著我的手》，台南：台笠。
　　　　　1993 年 6 月 1 日。頁 66。

的文學及文化。」〔註20〕因此在《蕃薯詩刊》的發表文章中，對於「母語的文字化及文學化」皆有相關的理論發表。

（一）文字化的重要

在聲音記錄器未發明以前，語言的表述必須來自發聲主體，而任何生命終有結束之日，雖然口語內容仍可藉由生命繁延而由口述方式代代相傳，但終究無法保證內容的正確性，並且所能傳遞的內容亦屬有限。因此語言的文字化，對任何民族的文化傳承而言都十分的重要。

基於上述的理解，有志於推展台語文學者，對於台語的文字化均十分的重視。首先，黃勁連於1991年在《民眾日報》由「蕃薯詩社」所策劃的「鄉土‧文化版～臺語文學特刊」中發表〈我手寫我口〉一文，文中指出任何的語言都可以變成文學性的語言及文學形式發表，「『我手寫我口』後面接落去應該是『我口寫我心』。若共伊翻譯做台語，道是：我的手寫我的喙（tshui），我的喙講出我的心聲。用台語來寫文章，伊的理論基礎佇遮。」〔註21〕

更表示用「台語」、「台灣話」創造的文學就是「台語文學」，台語包括河洛語、客語及原住民的語言，所以「台語文學」的範圍包括河洛話的文學、客語的文學以及原住民的母語文學，而他更指出「台語文學」的「方法論」即「文學原理」是，「第一、言文一致，亦道是台灣文學之父賴和先生講的『喙舌佮筆尖的合一』，1917年胡適文學革命的理論，道是『言文一致』，道是用日常生活的語言來創作，來思考的方法論。……。第二、用咱上介熟似ê語言，來寫咱上介熟似的風土人情、鄉土事物。……。第三、文學的台語，台語的文學。咱的台灣話，古老又閣典雅，伊不但有伊的歷史性，閣有伊的現代性、伊的現實性。」〔註22〕因此，認為「台語」是能充分表達情感和藝術性的，用來創造情感豐富的台灣文學，是台灣人天生的權利與義務。

在《蕃薯詩刊‧1‧鹹酸甜的世界》的首篇，即有胡民祥指出，台語文字化是台灣人當家做主的工具，台灣民族獨立所要追求的是全面的獨立，經濟獨立、政治獨立、文化獨立，缺一不可，而「文字是有形的文化，一個語言

〔註20〕 胡民祥著，〈台灣意識及龍應台評小說〉，《蕃薯詩刊‧2‧若夠故鄉的春天》，台南：台笠。1992年4月15日。頁33。

〔註21〕 黃勁連著，〈我手寫我口〉，《民眾日報》。1991年6月20日，「鄉土‧文化版——臺語文學特刊」8版。

〔註22〕 黃勁連著，〈文學的台語，台語的文學〉，《蕃薯詩刊‧3‧抱著咱的夢》，台南：台笠。1992年10月22日。頁43～44。

猶未文字化的民族，唔是獨立的民族」〔註 23〕他更進一步提出，台灣要成爲
文化獨立的民族國家，無形的語言與有形的文字相互影響，不但要用台語思
考也需要台語文，因此，「咱愛有家己的母語文字系統，咱愛有台語文字，咱
愛台語文字化。」〔註 24〕。他更在提到台灣語文運動社會政治背景中表示，
因爲人類社會的存在，所以有人類意識，社會意識的發展，文學是社會意識
種種型態中的一種，因此，「文學若卜發揮伊的社會功能，必然著愛採用社會
群眾的口語；就是文學的形式佇文學語言即一方面，著愛做夠言及文一致」〔註
25〕。胡民祥更認爲，思考的表現傳達的方式，有無形的語言和有形的文字二
種形式，語言和文字可發揮互相影響、強化意義表達的作用，有語言沒有文
字，語言就無法使用文字來加強。所以，爲著台灣文化能完整地傳承給後代，
要選一樣方案，台推動台語文字化，「這唔是困難 ê 問題，是有決心沒決心 ê
問題，若是有興趣 koh 決心，天頂 ê 星嘛挽落來」〔註 26〕。

　　羅文傑指出不肯用台灣話寫作的作家，是消滅台灣話的三種人中間的一種
〔註 27〕，「咱若一直 beh 董台語專家 kä 咱設計一套標準 ê 台灣文字，才 beh 來
用台灣話寫作 ê 時，台灣話可能已經滅亡 ah」〔註 28〕，認爲「期待台灣文學界
的先覺者認眞用台灣語來創作，hoo 台語文學的時代早一日來臨。」〔註 29〕他
更相信，如果有更多的台灣作家用台語寫文章，台灣文字的標準化的速度就會
更快。他也呼籲所有重視台灣立場的文化工作者、教育者，一起參與台語白話
文運動，「即個運動 m-nā 是台語文字化／標準化／普及化 ê 運動」〔註 30〕，也
是用台灣做主體，追求文化台灣化 ê 新文化運動。

〔註 23〕 胡民祥著，〈台語文字化的第一步〉，《蕃薯詩刊・1・鹹酸甜的世界》，台南：
　　　　 台笠。1991 年 8 月 15 日。頁 14。
〔註 24〕 胡民祥著，〈用母語思考〉，《蕃薯詩刊・1・鹹酸甜的世界》，臺南：台江。1991
　　　　 年 8 月 15 日。頁 17。
〔註 25〕 胡民祥著，〈台灣新文學運動時期「台灣話」文學化發展的探討〉，《蕃薯詩刊・
　　　　 3・抱著咱的夢》，台南：台笠。1992 年 10 月 22 日。頁 21～39。
〔註 26〕 胡民祥著，〈用母語思考〉，《民眾日報》。1991 年 12 月 20 日，「鄉土・文化版
　　　　 ——臺語文學特刊」8 版。
〔註 27〕 另外二種就是外來政權的統治階級及肯教自己小孩台灣話的台灣人。
〔註 28〕 羅文傑著，〈滅種中的台灣語言〉，《蕃薯詩刊・1・鹹酸甜的世界》，台南：台
　　　　 笠，1991 年 8 月 15 日。頁 23。
〔註 29〕 羅文傑著，〈滅種中的台灣語言〉，《蕃薯詩刊・1・鹹酸甜的世界》，台南：台
　　　　 笠，1991 年 8 月 15 日，頁 23。
〔註 30〕 羅文傑著，〈台灣主體性 ê 白話文運動〉，《蕃薯詩刊・5・台灣製》，台南：台
　　　　 笠。1993 年 12 月 15 日。頁 46。

　　烏皮則表示，「語言卜保存愛靠文字，所以咱若想卜保存咱的母語，想卜有獨立的台灣文化，就一定愛用母語思考、用母語創作。這就是為啥物有儂堅持卜用母語來寫文學作品的原因。」〔註31〕，亦即如果沒有文字來保存、沒有文學來傳承，我們的文化很快會斷根，民族也會消失。

　　林亨泰曾指出，語言行為中的書寫是一項重要的事情：「若是一個獨立兮國家，無管是偌小兮國家，攏是會當用著書寫兮語言。……假使一種語言開始會當書寫兮時陣，即個民族同時宛那踏出了獨立兮第一步。」〔註32〕

　　林宗源則明確指出，「有台語文字化，才有實實在在的台灣文學，台灣文學一定愛用台語來寫，才會當達到傳神的境界。」〔註33〕，也就是要創造正港的台灣文學，台灣人的意識及精神，才有尊嚴。他更表示，「有語言嘛著愛有文字，一個民族若無 in 家己的文字，亦唔是一個文明的民族，有尊嚴的民族。」〔註34〕，因此，林宗源為建立有尊嚴 ê 台灣文學提出三點意見：創造各族共識共通的文字、要有創造本土主體文學的認識和決心、創作有世界宏觀的文學，以期許做一個台灣人作家，能用自己的族語來創作自己的文學。

（二）文字化的建構

　　在形成台語文字化的共識後，文字化的系統應如何建立、又應採取何種系統，也在《蕃薯詩刊》的作品中，引起討論。

　　郭秋生曾表示，「文字既要會記號言語的音聲方才會發揮他的機能」〔註35〕，今天，台灣母語表記系統，有全漢、全羅和漢羅表記系統。全漢表記系統全部用漢字書寫，採用作家有胡民祥和陳恒嘉；全羅表記系統全部用羅馬字書寫；漢羅表記系統是漢字和羅馬字合用，採用作家有《蕃薯詩刊》的作家及詩刊中所刊登的理論內容，一般多表贊同。

　　向陽也提出，希望透過參與台灣現有各弱勢語系作家使用母語寫作的行

〔註31〕烏皮著，〈台灣語文思想的基礎〉，《蕃薯詩刊・2・若夠故鄉的春天》，台南：台笠。1992年4月15日。頁24。

〔註32〕林亨泰著，〈母語兮發見──其一〉，《蕃薯詩刊・5・台灣製》，台南：台笠。1993年12月15日。頁24。

〔註33〕林宗源著，〈按我的經驗講寡戰後台語詩的狀況〉，《蕃薯詩刊・3・抱著咱的夢》，台南：台笠。1992年10月22日。頁57。

〔註34〕林宗源著，〈建立有尊嚴的台灣文學〉，《蕃薯詩刊・6・油桐花若開》，台南：台笠。1994年8月1日。頁74。

〔註35〕郭秋生著，〈建設「台灣話文」一提案〉，《1930年代台灣鄉土文學論戰資料彙編》，高雄：春暉。2003年3月初版第一刷，頁13。

列，並經由各該語系文字化的成果，找出一套適合該語系書面表達的方式，「佇各不同語系的台語文學一步一步整合的過程內底，台語文學作家著愛就不同語系的表記方式求取共通可行的一套文字表記法。」〔註36〕來對整個世界文壇宣告台灣文學的自主生命。

　　陳明仁也指出目前台語及客語所應解決的困境，「（一）beh 互較 chōe 人看有，發揮影響力。（二）家己所受的寫作訓練 kah 習慣。（三）刊物的方便 kah 要求。（四）台語文字欠缺一致性。」〔註37〕沙卡布拉揚也表示「對文字化夠達成文學語言兮成果，是一種民族語言佫重大兮『工程』，唔是創一兩冬著會好勢兮代誌。」〔註38〕

　　鄭良偉當時也提到台語書寫法一人一套的亂象，「第一個現象是 bē 曉利用過去台語文字化的成果。……。第二個現象是大多數的台語學者是日文作者，中文作者，英文作者，眞少用台灣話文章討論台語書面語抑是標音文字的問題。第三個特別的所在是 tī 美國批評英文的拼寫法有問題大家照用不誤。」〔註39〕並在當時認爲，「政府的教育制度猶是無 beh 肯定社會及家庭的語言有教育價值。台語、客語、原住民語言能力的學生是教育課程內底愛培養。」〔註40〕因此，更明確指出，在台語研究的重要用途上，「爲教育、文化、語言政策決策提出有關理論、方法、各國制度潮流的資料。」〔註41〕因此，台語教材、師資及文字是亟需關切的問題。

　　陳雷曾提到文學創作的三個必要條件，一個是作者所接觸的環境（人情、事故、政治及文化……等等），一個是作者對四周環境感受的敏感度，另一個是作者寫作所用的語言。因此，他認爲台灣文學的寫作需要專家的努力，來完成一個有效和正確的系統，而在系統普及化之前，提倡「台語發音 ê 漢字

〔註36〕向陽著，〈對土裡醒過來的聲音——試論戰後台語詩的崛起及前途〉，《蕃薯詩刊・1・鹹酸甜的世界》，台南：台笠。1991 年 8 月 15 日。頁 69。

〔註37〕阿仁著，〈講一寡台語文學的問題〉，《蕃薯詩刊・4・郡王牽著我的手》，台南：台笠。1993 年 6 月 1 日。頁 3。

〔註38〕沙卡布拉揚著，〈含汝開講咱兮「文學語言」之一〉，《蕃薯詩刊・4・郡王牽著我的手》，台南：台笠。1993 年 6 月 1 日。頁 8。

〔註39〕鄭良偉著，〈台語教材有偌濟？〉，《蕃薯詩刊・3・抱著咱的夢》，台南：台笠。1992 年 10 月 22 日。頁 85～86。

〔註40〕鄭良偉著，〈台語教材有偌濟？〉，《蕃薯詩刊・3・抱著咱的夢》，台南：台笠。1992 年 10 月 22 日。頁 87。

〔註41〕鄭良偉著，〈對台語語言學的寄望〉，《蕃薯詩刊・4・郡王牽著我的手》，台南：台笠。1993 年 6 月 1 日。頁 73。

kap 羅馬字（白話字）合用，減輕初學者 ê 困難，來達到台語、客語寫 kap 讀漸漸普遍化 ê 目的。」〔註42〕他更進一步提出漢羅合用的優點，「伊 ê 優點就是使用容易，而且有伸縮性，漢字 kap 拼音字 ê 選擇，原則上講來是真簡單，若是用漢字真容易表達 ê 台語字就採用漢字，以外用拼音字。」〔註43〕

（三）文學化的推展

廖瑞銘指出，台語很早就有漢字和白話字（羅馬字）兩套文字系統，「咱 chit-mā 愛先利用漢字 kap 白話字做基礎，開始建立口語化 ê 台語白話文，m 通互相排斥 mā，暫時 māi 想 beh 創造新 ê 台語書寫記號。漢字 kap 羅馬字兩套文字互相補充，用羅馬字保存原語音，用漢字方便閱讀 ê 速度」〔註44〕並認爲做下一代台語課的教材，先保存台語文化，讓台語白話文來推廣台語文化。

李勤岸也表示，「要緊是去寫、去紀錄咱台灣人的思想及生活，去創造咱台灣人的文學、文化；唔是去發明文字。發明愈濟文字，對台語運動來講，愈慘。」〔註45〕

胡民祥則以動態的民族發展史來看台灣文學，他認爲台灣文學就是在台灣時空及土地上創作出來的作品，「台灣史中語言藝術發展的累積；伊見證了台灣民族國家形成中種種的面貌及內容。」〔註46〕因此，認爲「九十年代的台灣文學花園內底，福佬語，客家語，南島語及北京語競爭共生，文學語言之花，一蕊閣一蕊開出來。」〔註47〕催生著台灣文學新生命。他更明確指出，「九十年代使用母語形成台灣文學用語的趨勢」〔註48〕，文學的生命在語言，母語是文學的根，用母語才能寫出民族特色的文學。

〔註42〕陳雷著，〈台灣文學發展的 ê 下一個階段〉，《蕃薯詩刊・3・抱著咱的夢》，台南：台笠。1992 年 10 月 22 日，頁 80。

〔註43〕陳雷著，〈漢羅合用法一致性 ê 問題〉，《蕃薯詩刊・4・郡王牽著我的手》，台南：台笠。1993 年 6 月 1 日。頁 75。

〔註44〕廖瑞銘著，〈台語白話文運動正確 ê 方向〉，《蕃薯詩刊・5・台灣製》，台南：台笠。1993 年 12 月 15 日。頁 59。

〔註45〕李勤岸著，〈倉頡滿四界〉，《蕃薯詩刊・7・台灣詩神》，台南：台笠。1996 年 6 月 10 日。頁 5。

〔註46〕胡民祥著，〈動態看待台灣文學語言〉，《蕃薯詩刊・3・抱著咱的夢》，台南：台笠。1992 年 10 月 22 日。頁 19。

〔註47〕胡民祥著，〈動態看待台灣文學語言〉，《蕃薯詩刊・3・抱著咱的夢》，台南：台笠。1992 年 10 月 22 日。頁 20。

〔註48〕胡民祥著，〈做一個台語文學的參與者〉，《蕃薯詩刊・6・油桐花若開》，台南：台笠。1994 年 8 月 1 日。頁 52。

從上述眾多關心台語文字化的專家學者、文學創作者的論點來看，大致上均是主張台語必須文字化，台灣文學才能真正落實。然而台語文字化究竟要採用那一套系統，則是尚未有一致的共識，亦即究竟是採用現有的拼音系統或是完全新創？即使要採用現有的系統，又要採用那一套，仍然莫是一衷，儘管在民進黨執政期間，曾一度規定以通用拼音系統為台語拼音系統，不過這項決定在國民黨重新執政後，旋即會為漢語拼音所取代。換言之，對台語拼音系統仍需共識，而不是依附在政治權力之下。

三、台語文本的評論

也許是基於台語文學的閱讀群仍屬小眾人口，因此《蕃薯詩刊》也刊登了不少對其他台語文本的評論，藉由公開的相互評論，一方面有助於相互激盪，了解彼此寫作上的優缺點；另一方面亦有助於解析文本，發揮對閱聽大眾導讀的效果，以吸引、引領一般社會大眾願意接觸台語文學。

《蕃薯詩刊》內對文本的評論，至少有 19 篇，佔理論總數的 24.36%，裡面大部分是介紹、探討台語詩集和散文的文章。這樣的分析、解說文學作品的形式、內涵特色，及論述它的價值和影響，有的還會配合作家的背景作深入的比對論述，以下茲舉三例以為說明。

（一）評黃勁連《偓促兮城市》：落實台灣本土社會兮生活語

黃勁連在台語詩文的推展上，有著極為重要的貢獻，他所出版的詩集——《偓促兮城市》，也引起許多的注意與評論。

就像林央敏在〈用疼心醞釀出來兮滋味——談黃勁連詩集《偓促兮城市》〉，一文表示，詩集《偓促兮城市》會寫得這麼好，除了黃勁連「伊對台灣鄉土有真實兮疼心」，還有三個重要的原因，第一，他在流浪二十年以後，因深深的鄉愁而回歸故鄉，在自己生長的鄉里，所以會寫出「言之有物」、有真情的文句；第二，他回去故鄉以後，深深踏入社會，並觀察、思考地方和台灣的各種事情；第三，因為它對母語的復興與發揚，是抱著使命感的態度，所以他會用純正、活潑、老練的台語能力，來表現對台灣的濃烈情意。另外在評論內，林央敏也簡介了台語詩的歷史和台語的藝術性。

洪惟仁曾指出《偓促兮城市》中，台語詩的題材及關懷面更為寬廣，「台語只是一種創作語言，伊會凍寫任何題材兮文學。台語當然是寫出台灣儂兮心聲唯一最合驅（hah-su）兮語言，但是，唔是做一種創作工具伊有啥麼題材

分限制。」〔註49〕

　　胡民祥讀《倔促兮城市》後也提出,「文學語言落實台灣本土社會兮生活語,詩集《倔促兮城市》就是一本見證。」〔註50〕而作者強調「我手寫我口」的寫作主張,讓母語創作免去翻譯的過程,隨著思緒泉湧而出的感情、心聲,讓作品更為傳神。

　　總結上述各家對黃勁連詩集的評論可以發現,這樣的評論相當程度上,的確有助於讀者理解作者所欲傳達的理念,並且從中亦得以闡述台語文學土地、人民的關聯性。

(二)評陳雷《台語文學選集》

　　羅文傑在〈告別殖民地時代 ê 台灣文學——陳雷台語文學選集序〉內表示,陳雷第一本小說是「時代出版社」出版的二二八中文小說「百家春」,這本小說的寫作從 1982 開始,直到 1985 年才完成,陳雷當時在寫作中發覺,用中文來寫台灣文學及描寫生活在台語文化中的人物,需經過創作者和讀者兩遍的翻譯,「文學作品在翻譯 ê 中間失去『精細、正確、活潑 kap 親切感』,無法度表現台語文化 ê 原味。按 hit 時開始,伊就決心後篇小說 beh 用台語來創作。」〔註51〕羅文傑在文中提到,林央敏認為陳雷對文字處理的原則,反映出過去和現在的台灣文學作品及文學作家的寫作態度,並相信《陳雷台語文學選集》的出版,是台灣文學進入下一階段的開始。

(三)評《李勤岸台語詩集》

　　胡民祥在〈落實民族解放運動的詩篇——評介《李勤岸台語詩集》〉中指出,「這是一本台灣民族運動者的詩作;這是一本見證台灣民族母語文學革命的詩選;這是一本落實台灣民族解放運動的詩篇。」〔註52〕民族解放運動的題材,以文學出發踏入社會運動,並以社會運動來推動落實台語文學。

　　除了上述的文本評述外,在對其他文化的評介中,亦能針對各自文本的

〔註49〕洪惟仁著,〈雉雞再啼——論《倔促兮城市》〉,《蕃薯詩刊・4・郡王牽著我的手》,台南:台笠。1993 年 6 月 1 日。頁 44。

〔註50〕胡民祥著,〈台語母奶沃出來兮詩篇——讀《倔促兮城市》詩集兮感想〉,《蕃薯詩刊・4・郡王牽著我的手》,台南:台笠。1993 年 6 月 1 日。頁 46。

〔註51〕羅文傑著,〈告別殖民地時代 ê 台灣文學——陳雷台語文學選集序〉,《蕃薯詩刊・6・油桐花若開》。1994 年,頁 26～29。

〔註52〕李勤岸著,〈落實民族解放運動的詩篇——評介《李勤岸台語詩集》〉,《蕃薯詩刊・7・台灣詩神》,台南:台笠。1996 年 6 月 10 日。頁 7。

特性，提出台語文學推展的各種重要面向。例如呂興昌在〈釘根土地兮苦棟
——序黃勁連兮《潭仔墘手記》〉中提到，「每一篇文章兮根柢，濟少攏有對
不公不義兮社會、文化佮政治抗議參批判。即種對小物件寫出大眼界，又 koh
一針見血兮文學素養。」〔註53〕顯現其對土地的思考和感情。

陳雷在〈關於「南瀛台語文學選集」ê 幾點討論〉中表示，「『南瀛台語文
學選集』ê 出版，一方面是整理現此時台南縣台文作者 ê 創作，一方面替台灣
人智識份子提供一個接觸母語文學 ê 好機會。」〔註54〕因此，「南瀛台語文學
選集」的出版，對近年來台語文學和語文運動是一個有力的肯定和鼓勵。

陳明仁在〈按蕃薯詩刊、台文通訊到台語文學有聲叢刊〉內表示，「『蕃
薯』詩刊 ê 發展，會使講因為有運動性 chiah 發展 ê，阮去辦講演會、詩歌發
表會，mā kā 詩 kap 音樂結合，寫歌；歌是人民 ê 生活文學。」〔註55〕也因為
這樣，「蕃薯詩社」吸收了更多的學生和支持者。

段震宇在〈按「台文通訊」講起〉中提到，身為「外省囝仔」的自己，
卻在成年赴美後，開始接觸《台文通訊》，「讀『台文通訊』除了 hō 我台語 ê
語詞增加、台語造句 ê 能力加強以外，上大 ê 好處就是幫贊我用台語思考。」
〔註56〕他並鼓勵跟他有一樣語文背景的人，積極學台語，勇敢面對台灣的社
會。

綜觀上述各家對台語文學作品的評述中，除了針對文集內容、作者文風
技巧等個人層面有所評述外，亦涉及部分台語文學的文學史和發展特色，這
種配合文本和作家評論文學的文章，較容易讓讀者接受，也提供了理論論述
與文學實例結合的機會。

在《蕃薯詩刊》所發表的理論篇文章中，可歸結為三大重點，分別是「台
灣語言文化主體性的重建」、「母語文字化及文學化的推展」，以及「台語文本
的評論」等，這些內容對提倡台語文學均具有十分顯著的貢獻，值得欽佩。

〔註53〕呂興昌著，〈釘根土地兮苦棟——序黃勁連分《潭仔墘手記》〉，《蕃薯詩刊‧7‧
台灣詩神》，台南：台笠。1996 年 6 月 10 日。頁 41。

〔註54〕陳雷著，〈關於「南瀛台語文學選集」ê 幾點討論〉，《蕃薯詩刊‧7‧台灣詩
神》，台南：台笠。1996 年 6 月 10 日。頁 56。

〔註55〕陳明仁著，〈按蕃薯詩刊、台文通訊到台語文學有聲叢刊〉，《蕃薯詩刊‧6‧
油桐花若開》，台南：台笠。1994 年 8 月 1 日。頁 33。

〔註56〕段震宇著，〈按「台文通訊」講起〉，《蕃薯詩刊‧5‧台灣製》，台南：台笠。
1993 年 12 月 15 日。頁 50。

第二節 「菅芒花台語文學會」的文學主張

「菅芒花台語文學會」有著「結合關懷台語文人士，維護台灣語文的延續發展，為台灣建立多語言、多文化共存的新社會基礎，促進無全語言族群的互相了解、尊重佮和諧；繼承 1930 年代黃石輝、郭秋生提倡兮『臺灣話文運動』，鼓吹『喙講父母話，手寫台灣文』，建立有尊嚴、有水準兮台灣文學。」〔註 57〕的創會宗旨，這樣的創會宗旨，也顯示在步入 1990 年代，新世代對台語文學未來多元、開放及具有遠見的文學意義。

一、建立多語言文化的創作環境

台灣是一個移民社會，在不同的歷史時期匯集來自不同地區民族，也因而社會上同時存在著許多不同語言在流通著，除了原住民語外，還有河洛語、客家語及北京話等，許極燉在《台灣話流浪記》中，即曾提出這個的觀察：

> 台灣的語文現象之複雜，正反映了台灣的歷史命運的坎坷。台灣這個小島上居住著將近二千萬人，他們所使用語言主要象有福佬話（通稱臺灣話）、客話（即客家話）、馬來系原住民的語言，以及北京語音的『普通話』……語言複雜正表示民族、種族低複雜，在台灣這是政治的因素在歷史過程中所造成的。〔註 58〕

董峰政則認為，台灣的「閩南語」被稱做「台語」，除了百年來約定俗成的講法，也是因它是台灣最主要的代表語言，但是，他也指出，「『台灣的語言』卻有幾落種，比如『閩南語』、『客語』、『原住民語』、『北京語』攏是。」〔註 59〕

因此，要建立台語文學，首要的任務便是要建立一個尊重多語言文化的社會，如此才有可能進一步形塑出有利台語文學發展的文學創作環境。

二、從口說語言到手寫文學

有了多元共存的台灣文學創作環境後，緊接著就是要建立具價值多元的文學體系，若只是允許、同意台語文學的存在，但卻是將之視為低下的、不

〔註 57〕〈台南市菅芒花台語文學會簡介〉，《菅芒花詩刊革新號第一期》，台南：菅芒花台語文學會。2000 年 9 月 30 日。頁 177。

〔註 58〕許極燉著，《台灣話流浪記》，高雄：第一出版。1988 年 2 月 29 日初版。序言。

〔註 59〕董峰政著，〈為台語正名〉，《菅芒花台語文學第 2 期》，台南：菅芒花台語文學會。1999 年 4 月 1 日。頁 34。

具價值的文學，那並不是真正的多元，是一種按價值高低排序的「垂直的多元」，這種多元體系是優勢群體用以壓迫他者的工具，乃要建立的是一種基於平等地位，價值多元的「水平多元」。

亦如同《蕃薯詩刊》的作家們對言文一致的主張，《菅芒花詩刊》及《菅芒花台語文學》的作家對這一主張，亦表現出積極的態度。

1926 年賴和提出「喙舌佮筆尖的合一」的新文學運動目標，並認為新文學以民眾做對象，才是大眾文學，他更認為，「著愛使用母語台灣話，才有才調做到言文一致；才有才調行到大眾文學的境界」〔註60〕，賴和在 1930 年代鄉土文學論戰前，便開始寫作台灣語式的中國白話文作品，他的文學創作是不斷走向台語母語文學的過程。

1930 年代黃石輝主張鄉土文學，提倡「台灣話文」，「用臺灣話作文，用臺灣話作詩，用臺灣話作小說，用臺灣話作歌謠，描寫臺灣的事物。」〔註61〕在那時，連雅堂也表示，「余臺灣人也，能操臺灣之語而不能書台語之字，且不能明台語之義，余深自愧。」（《臺灣語典》自序）

施炳華認為，對台灣人來說，台灣話是一種優美的語言，但是對台語的期望，不應只停留在說的階段，這樣並無助於文化的保存，而是應該提升至文學的層次，「每一種語言用佇表達講即個語言兮人民兮文化兮時，攏是一個完美兮工具。」〔註62〕他更表示，「不是干礁會曉講臺灣話就好，猶著佫用文字共伊寫出來，用咱真誠兮心聲，寫出優雅兮台語文學作品。」〔註63〕因為，「咱自細漢講兮是啥米話？寫兮是啥米文字？敢是『我手寫我口』？心裡安怎想、喙安怎講，就用文字直接共伊寫出來。」〔註64〕

但是，放著政府極力倡導的北京話不用，反倒使用處於艱難處境，這樣的意念其實是具有守護祖先遺產的涵意。呂興昌即曾指出，「咱全心全力投

〔註60〕胡民祥著，〈賴和文學語言的辯證〉，《菅芒花台語文學第 2 期》，台南：菅芒花台語文學會。1999 年 4 月 1 日。頁 12～13。

〔註61〕施炳華著，〈菅芒花台語文學創刊賀詞——接續台語文學兮香火〉，《菅芒花台語文學》，台南：菅芒花台語文學會。1999 年 1 月 1 日。頁 4～5。

〔註62〕施炳華著，〈臺灣話佮臺語文學〉，《菅芒花詩刊　心悶》，台南：台江。1997 年 12 月 30 日。頁 138。

〔註63〕施炳華著，〈臺灣話佮臺語文學〉，《菅芒花詩刊　心悶》，台南：台江。1997 年 12 月 30 日。頁 140。

〔註64〕施炳華著，〈臺灣話佮臺語文學〉，《菅芒花詩刊　心悶》，台南：台江。1997 年 12 月 30 日。頁 140。

入台語文學 êchhui-sak，論眞，無一定會飛天鑽地得著大成功，m-koh 翻頭想，咱 nā 無堅持做——落去，絕對永遠 bē 出脫，永遠無機會。……向望 [ng-bāng]咱 chiah-ê 不願將寶貴 tin-tangê 父公 á 祖產 phiaⁿ-hìⁿ-kakê 有志，將咱 hia-ê 台語文學 ê 先輩所開墾——出來 ê 田園，繼續耕作經營，親像台灣民間文學 hia-ê 無名 ê 阿姆阿伯兄弟姊妹、賴和、黃石輝、郭秋生…hia-ê 漢字作家、鄭溪泮、賴仁聲…hia-ê 白話字作家、宋文和、林達標、汪思明…hia-ê 歌仔冊 ê 作者、陳達儒、周添旺、李臨秋、葉俊麟…hia-ê 台語歌詩作者，án-ne 咱 hōan-sè 眞緊就會迎接著台灣文藝復興來臨 ê 好日子。」〔註65〕

亦即如果能繼承先人所留下的文化遺產，那麼要建立台灣文化的主體性，將是水道渠成之事，特別是文化上重要的是語言，「咱不但愛重視咱兮母語（包含台語、客語、原住民語），佫愛共母語用文字表達出來，並且提昇到文學兮境界。」〔註66〕，並且，台語文學的界定要能充分展現台灣多語社會的特質，避免重蹈以單一語言爲主流文學媒介的覆轍。

施炳華在《菅芒花詩刊》的發刊詞中指出，「做一个臺灣人，愛會曉講臺灣話。這是無忘本、愛家己、愛即塊土地尚基本兮條件。」〔註67〕他更表示，「語言是文化兮根本，保存文化最重要兮工具就是文字。」〔註68〕將發自內心眞誠的感情，藉著文字記載、流傳下來。

陳明仁也表示，「本土詩依然有其本土精神的堅持，強調本土語言的運用就是一端。母語的使用往往是許多本土詩人刻意的訴求。就中應有發揮母語饒富生命力、變化、新鮮、活潑特質的意圖，必然也有透過母語來顯示強烈的本土庶民精神，亦即俗的精神之希求。」〔註69〕

而胡民祥也肯定賴和辛苦開拓台語文學的事蹟，及其認爲台灣人應該「喙舌佮筆尖合一」的主張，賴和放棄中文寫作，爲著做一個有台灣「語味、

〔註65〕 呂興昌著，〈憑什麼台語？爲什麼文學——台語文學的新思考〉，《2005台語文學學術研討會論文集》。台南：國家台灣文學館。2005年。頁5。

〔註66〕 施炳華著，〈臺灣話佮臺語文學〉，《菅芒花詩刊 心悶》，台南：台江。1997年12月30日。頁150。

〔註67〕 施炳華著，〈菅芒花詩刊發刊詞〉，《菅芒花 菅芒花開》，台南：台江。1997年6月15日。頁2。

〔註68〕 施炳華著，〈菅芒花詩刊發刊詞〉，《菅芒花 菅芒花開》，台南：台江。1997年6月15日。頁2。

〔註69〕 陳明台著，《臺灣文學研究論集》，台北市：文史哲。1997年4月初版，頁107～108。

文心、血情」的台灣人，胡民祥指出，「『喙舌佮筆尖合一』寫出來兮作品則會傳神，則會入味，則有深入兮感情，則是原汁原味，這是文學語言兮根本原則，這是最有可能創作高水平兮文學藝術。」〔註70〕他更表示，「台灣儂若是做夠『喙講父母話，手寫台灣文』；『喙講台灣話，手寫台語文』，我相信台灣儂意識無形中會變做真堅定，有咱台灣儂家己兮風格、面貌、色彩。」〔註71〕

　　黃勁連也提出使用台語文學創作的首要理由是「言文一致」，「這也是台灣文學之父賴和所說的，『喙舌佮筆尖兮合一』，亦著是清朝尾兮詩人黃遵憲講兮『我手寫我口』」〔註72〕，而第二個理由是「用咱上蓋熟似兮語言，來寫咱上蓋熟似兮風土人情、鄉土事物。」〔註73〕，最後，他強調「文學兮台語，台語兮文學」〔註74〕，認為台語是有音樂與意象的優秀文學語言，「因為伊受過音樂的調養，也體會出台語真嬌的音樂性」〔註75〕。但他也認為，「無比語言佮佮屬害兮武器」〔註76〕，因此，人們要善用語言思考及傳情達意的正面功能。

　　王宗傑則表示，「菅芒花台語文學會」的會員希望結合歌詩演唱和台語現代詩的創作發表，「一步一步來行入台灣兮大街小巷，傳播臺語文學創作兮種籽。透過了意象豐富兮臺語現代詩兮欣賞，在結合社區文化發展之下，除了會當展現臺語文學生活化鄉土化兮特色以外，也可以戶社會大眾重建對臺語兮認知佮信心。」〔註77〕他更認為，提倡台語文學有一個基本理念就是，就

〔註70〕胡民祥著，〈台語文學兮心事〉，《菅芒花詩刊　菅芒花開》，台南：台江。1997年6月15日。頁122。

〔註71〕胡民祥著，〈台語文學兮心事〉，《菅芒花詩刊　菅芒花開》，台南：台江。1997年6月15日。頁123。

〔註72〕黃勁連著，〈文學兮台語，台語兮文學〉，《菅芒花詩刊　心悶》，臺南：台江。1997年12月30日。頁3。

〔註73〕黃勁連著，〈文學兮台語，台語兮文學〉，《菅芒花詩刊　心悶》，臺南：台江。1997年12月30日。頁4。

〔註74〕黃勁連著，〈文學兮台語，台語兮文學〉，《菅芒花詩刊　心悶》，臺南：台江。1997年12月30日。頁5。

〔註75〕藍淑貞，〈台語的火車頭──黃勁連〉，《菅芒花詩刊第十二期──台灣野百合》，台南：菅芒花台語文學會。2008年6月。頁43～44。

〔註76〕黃勁連著，〈語言兮傷害〉，《菅芒花詩刊　心悶》，台南：台江。1997年12月30日。頁110。

〔註77〕王宗傑著，〈傳播臺語文學種籽──「台灣歌詩之夜」今卜行向社區〉，《菅芒花詩刊　心悶》，台南：台江。1997年12月30日。頁113。

是任何一種族群的語文，都是對應一種族群的文化資產，讓後代子孫生活在充滿歷史意識的教育環境中，體認台灣的文化和尊嚴。

陳泰然也指出，「西元 1994 年冬尾分台灣省市長選舉了後，政府機關、電視台佮廣播電台攏相爭開班培訓儲備台語師資，足濟社區嘛有開班咧教台灣話」〔註78〕，「做咱逐家大聲喙講台灣話，用心手寫台語文」〔註79〕，「即馬有足濟縣市政府攏有編寫台語文分教科書互中、小學校咧做教材，互咱分子弟佇初踏入校門著學上自然、上親切分家己分語文；抑，咱遮離開學校，踏入社會分儂，著儘量揣時間參加一寡文化基金會開辦分台語班，熟似咱分台語文，安爾，咱著會當喙講台灣話，手寫台語文；儂儂攏用台灣做主體咧思考，開喙合喙，起筆落筆攏是台語文，儂儂有台灣意識，對台灣有感情著會拚性命愛台灣，台灣著會受著別个國家分尊重」〔註80〕

藍淑貞表示，「台語會使講是一種藝術性，音樂性佮文藝性分語言，所以咱做一个台灣儂，一定愛對台語有信心，愛珍惜家己分化，重新肯定咱分母語佮母語文化，則會當行出母語失落分悲哀」〔註81〕，「咱唔但愛講台語，佫愛設法共台語保留整理出來，進一步佫來寫台語文，喙講父母話，手寫台灣文」〔註82〕，「台語文字化是推動台語上重要分代誌，卜共台語文字化，著愛對咱分生活開始，用台語來寫批，用台語來寫文章，用台語來作詩，用台語來作歌謠，用台語來描寫咱分祖先拍拚、奮鬥、流血、流汗，來開發即塊土地分情形」〔註83〕。藍淑貞也指出，只要台語文字化，就有辦法一代代傳承，而這幾年因政治及教育環境的改變，不但有學者及作家極力推動台語，政府也開始注重台語及鄉土教學。

〔註78〕 陳泰然著，〈台灣儂佮台灣話〉，《菅芒花詩刊 阿福分風吹》，台南：台江。1998 年 7 月。頁 11。

〔註79〕 陳泰然著，〈台灣儂佮台灣話〉，《菅芒花詩刊 阿福分風吹》，台南：台江。1998 年 7 月。頁 12。

〔註80〕 陳泰然著，〈台灣儂佮台灣話〉，《菅芒花詩刊 阿福分風吹》，台南：台江。1998 年 7 月。頁 12～13。

〔註81〕 藍淑貞，〈行出母語失落分悲哀〉，《菅芒花詩刊 阿福分風吹》，台南：台江。1998 年 7 月。頁 152。

〔註82〕 藍淑貞著，〈行出母語失落分悲哀〉，《菅芒花詩刊 阿福分風吹》，台南：台江。1998 年 7 月。頁 152。

〔註83〕 藍淑貞著，〈行出母語失落分悲哀〉，《菅芒花詩刊 阿福分風吹》，台南：台江。1998 年 7 月。頁 153。

　　董峰政則表示，「因為母語著是一個族群文化的活化石，所以母語一旦消失去一個族群著袂記得家己（治）的根源，喪失認同佮歸屬，所謂『母語若失聲，啥人是阮阿娘。』」〔註84〕更表示，「一個讀冊人若無法度用家己的母語寫作，不管伊有偌懸的學歷，伊猶原是『母語的文盲』。」〔註85〕他更指出，「阮菅芒花台語文學會成立的宗旨，著是為卜建立台語文主體性，多年來一直咧提倡『喙講父母話，手寫台灣文』，「為卜落實『喙舌佮筆尖兮合一』的理念，阮的會員一直使用母語咧創作，到今不但有各人『母語的詩集』，而且即幾多來連紲得著南瀛文學新人獎的榮譽（如：許正勳、方耀乾、周定邦、陳正雄等詩人）」〔註86〕

　　從以上所列舉刊登於《菅芒花詩刊》及《菅芒花台語文學》中的作品可以看出，建立具有尊嚴的台語文學的確是「菅芒花台語文學會」眾作家念茲在茲的神聖使命，也是他們賴以創作的動力。

三、從鄉土文學到台語文學

　　儘管用母語寫就自己土地故事已是眾人所能認同之事，但是在台灣文學的建立過程中，不同語彙所造成的不同想像，仍舊隨著論述的精細度與社會情境的改變而有所不同。台灣文學的最早面貌是以鄉土文學出現，但是這種思維，事實上仍是局限在中心／邊陲的壓迫性結構之中，亦即將台灣文學，相對於中國文學中的一個小角落，而非具有主體性的文學形式。胡民祥即表示，在 1980 年代完成台灣文學的正名運動，將鄉土文學正式定名為「台灣文學」，而「台語文學的落土生根，超越鄉土文學時期的北京語文及台語文混用的寫作形式，正式採用百分之百的台語文寫作，80 年代有大量的福佬台語詩，嘛有台語散文及小說的出現，夠 90 年代嘛有客家台語文寫的詩、散文、小說，原住民的南島語文的詩、散文及小說亦出現。」〔註87〕他更

〔註84〕董峰政著，〈總統母語文學的網，阮來編織〉，《菅芒花詩刊革新號第一期》，台南：菅芒花台語文學會。2000 年 9 月 30 日。頁 1～2。

〔註85〕董峰政著，〈總統母語文學的網，阮來編織〉，《菅芒花詩刊革新號第一期》，台南：菅芒花台語文學會。2000 年 9 月 30 日。頁 2。

〔註86〕董峰政著，〈總統母語文學的網，阮來編織〉，《菅芒花詩刊革新號第一期》，台南：菅芒花台語文學會。2000 年 9 月 30 日。頁 2。

〔註87〕胡民祥著，〈有台灣文學觀的陳文成〉，《菅芒花詩刊革新號第三期——林央敏專號》，台南：菅芒花台語文學會。2004 年 4 月 10 日。頁 184～185。

進一步說明，「20 世紀 80 年代客語作家積極出發，親像黃恆秋、杜潘芳格、劉慧眞、范文芳、馮輝岳。客語文學已經有現代詩，也有散文佫有文學評論」〔註 88〕，對於台灣最早神話口傳文學的南島語文學，他也指出，「80 年代以來，原住民族作家開始用母語南島語寫作，已經出現詩、散文佫小說，親像娃利斯‧羅干的〈泰雅腳蹤〉小說，是羅馬字泰雅語文學作品。」〔註 89〕因此，他認爲每一個民族文學都需要發展到母語文學的層次。對此，林央敏則指出，「世界上任何偉大的文學作品都是以民眾的語言寫成的，因爲是民眾的語言，所以作品顯得有活力、有社會基礎、有民族特色；因爲是經由作家的提煉塑造，民眾的語言乃成爲文學語言」〔註 90〕

　　但是儘管台灣有眾多的語言在流通著，並且這許多語言也都可行諸文字，發展出屬於自己母語的文學，但是不可諱言的是，福佬話仍是流通最廣、最多人使用的語言，因此許極燉即曾著眼於此的表示，台灣的文學要以台灣的語言來展現，他認爲：

> 台灣的文學作品寫台灣的社會、人生，有用日文、中文、台語、客家語、原住民語傳承落來的。但是如所周知，二千萬人最大多數的母語是福佬語，一般叫伊台語，代表台灣人的語言。雖然無人有權利反對用某種語言來描寫台灣的社會、人生，毋拘，若是有心卜栽培台灣的文學，應該無理由毋用台灣的語言，特別是台語。

〔註 91〕

　　黃勁連表示，用「台語」、用「台灣話」創造的文學就是「台語文學」。「台語包括河洛語、客語以及原住民兮語言；所以『台語文學』兮範圍包括河洛話兮文學、客語兮文學、以及原住民兮母語文學」〔註 92〕

　　施俊州表示，「有些人認爲用華語寫文章才是大眾文學，用台語寫則是小眾文藝，這是誤解。若注意看整個台灣文學史發展，日本時代或者更早明

〔註88〕胡民祥著，〈賴和文學語言的辯證〉，《菅芒花台語文學第 2 期》，台南：菅芒花台語文學會。1999 年 4 月 1 日。頁 8。

〔註89〕胡民祥著，〈賴和文學語言的辯證〉，《菅芒花台語文學第 2 期》，台南：菅芒花台語文學會。1999 年 4 月 1 日。頁 9。

〔註90〕林央敏著，《台語文學運動史論》，台北：前衛。1997 年。頁 34。

〔註91〕許極燉著，〈台灣文學著愛用台語來栽培〉，《蕃薯詩刊‧3‧抱著咱的夢》，台南：台笠。1992 年 10 月 22 日。頁 14。

〔註92〕黃勁連著，〈文學兮台語，台語兮文學〉，《菅芒花詩刊　心悶》，台南：台江。1997 年 12 月 30 日。頁 1。

清時代，台灣人都是聽台灣歌謠……民間文學的來龍去脈很清楚，甚麼叫民間文學？就是台語文學；民間文學的流通產生很大影響，歌謠是民間文化，是大眾文學、不是小眾文學。……結果國民黨來台實施華語政策、消滅台語，台語才漸漸失去舞台，沒人教才會失傳，變成小眾文學，實際上古早是大眾文學」〔註93〕。亦即台語文學人口之所以為數較少，縱然是外在政治環境使然，其實無關語言本身，因為語言人口即是文學人口。

再者，眾多台語文學家對台語文學的發展亦頗具前瞻性，認為台語文學不僅要在台灣廣為社會大眾所接受，還應將之推展到國際舞台。林宗源即曾表達出，將台語文學推向國際舞台的理念，無分河洛、客家、原住民等區別，希望各族能用自己的語言書寫文學，他更指出，「解嚴後才有較濟人出來寫台語文，就發起創立『蕃薯詩社』，共同來推展台語文學，到即碼政府才發覺應該保留各族群的文化佮語言，各位會當佇政府重視本土教育之下，來推動、來學習、來發展，即個方向是正確的」〔註94〕

〔註93〕施俊州著，《寂寞，或是鬧熱的花園：《菅芒花》詩刊的文學實踐 Kah 內涵試論》，台南：成功大學台灣文學研究所碩士論文。2006 年。頁 11。

〔註94〕方耀乾，〈大寒凍 be 死的日日春——林宗源專訪〉，《菅芒花詩刊革新號第二期——林宗源專號》，台南：菅芒花台語文學會。2002 年 12 月 31 日。頁 9～10。

第四章 「蕃薯詩社」和「菅芒花台語文學會」的文學成就

　　「蕃薯詩社」及「菅芒花台語文學會」相繼的成立，並發行刊物之後，台語文學作品更有了專屬發表園地，羅文傑曾指出，「台灣文學界有一陣先覺者『蕃薯詩社』，主張著愛用台語來做台灣 ê 文學語言，即種主張已經受著熱烈 ê 回應，特別是新詩 ê 創作方面，已經有相當 ê 成就及數量。Tī 台語文學史 ê 整理方面，也有相當 ê 成果。」〔註1〕

　　為了能對「蕃薯詩社」及「菅芒花文學會」的成果有所了解，本章將以《蕃薯詩刊》、《菅芒花詩刊》及《菅芒花台語文學》為文本，檢視在已發行的各輯的作品中，承載著那些內容？又對台灣文學理路有何看法？又蘊涵著對台灣前途的何種看法？

　　本章先從量的角度，統計《蕃薯詩刊》、《菅芒花詩刊》及《菅芒花台語文學》，在所發行的文本中，包含了那些文類。其次從質的角度，分析這些書寫文類的內容傾向，歸納出「台灣意識」、「土地眷顧」、「政治批判」、「社會關懷」、「故鄉思情」及「親人憶念」等主題來進行分析。

第一節　多樣的書寫文類

　　由於《蕃薯詩刊》、《菅芒花詩刊》及《菅芒花台語文學》等三份刊物，是當時台語文學作者作品發表的主要園地，例如胡民祥即指出在台語文學進入新台灣文學時代後，「台語母語文學已經愈行愈響，特別是福佬母語佮客

〔註1〕羅文傑著，〈台灣文學 ê 盲點〉，《蕃薯詩刊‧3‧抱著咱的夢》，台南：台笠。1992 年 10 月 22 日。頁 81。

家母語兮詩文學,《蕃薯詩刊》道是伊兮代表園地」〔註2〕,周定邦亦曾指出,「佇九○年代下半葉,《菅芒花詩刊》培養上濟青年輩的台語詩人,質佮量攏是上可觀的」〔註3〕

因此能廣納作家的不同寫作文類,即使是其中有二個刊物,以「詩」刊為名,這些刊物仍刊行了許多不同類別的文體。方耀乾對《菅芒花台語文學》發行過程的描述中,亦曾提到這種為符應不同作家書寫文類,而調整編審策略的現象:「菅芒花台語文學會會內有一部分同仁無寫詩,有ê同仁是新手,成做一個學習團體ê菅芒花台語文學會有必要為tsia ê同仁提供發表ê園地」〔註4〕

因此,本節將對刊登於《蕃薯詩刊》、《菅芒花詩刊》及《菅芒花台語文學》中的作品,進行書寫文類探討。

一、《蕃薯詩刊》的書寫文類

「蕃薯詩社」的創社宗旨,反映了 20 年來台語文學的理論,「也繼承了日治時代以來台灣新文學的寫實主義精神和普羅文學觀」〔註5〕。羅文傑曾指出,「蕃薯詩社」主張用台語來做台灣的文學語言,已受到熱烈迴響,「特別是新詩ê創作方面,已經有相當ê成就及數量。」〔註6〕林央敏也指出,台語文學作品在內容上多元化且作品量增多,便是在「蕃薯詩社」成立後顯著的發展。

因此,雖然以詩刊為名,但內容是完全以文學為主體,就像是一本綜合的台語文雜誌,其中的文類、觸角相當多元化,有理論篇、詩、散文、小說、信簡、訪問等。幾乎所有的文學形式,都用台語做為媒介出現在《蕃薯詩刊》裡。這些不同的文類,有它不同的創作思維,敘述不同形式的台灣生命故事,

---

〔註2〕方耀乾著,《Ùi 邊緣 kàu 多元中心:台語文學 ê 主體建構》,台南:成功大學台灣文學系博士論文。2008 年 6 月。頁 80。

〔註3〕周定邦著,〈風佇秋天搣種——介紹《菅芒花詩刊》佮《菅芒花台語文學》〉,《菅芒花詩刊革新號第四期——莊柏林專號》,台南:菅芒花台語文學會。2005 年 7 月,頁 112。

〔註4〕方耀乾著,《Ùi 邊緣 kàu 多元中心:台語文學 ê 主體建構》,台南:成功大學台灣文學系博士論文。2008 年 6 月。頁 98。

〔註5〕林央敏著,《台語文學運動史論》,台北:前衛。1997 年。頁 107。

〔註6〕羅文傑著,〈台灣文學 ê 盲點〉,《蕃薯詩刊·3·抱著咱的夢》,台南:台笠。1992 年 10 月 22 日。頁 81。

牽動著不同生活型態、文學喜好和閱讀習慣的讀者，因此能夠有效和廣泛的發揮推廣台語文學的效果。

蔡瑋芬曾指出，「《蕃薯詩刊》進前，台語文學作品並無一個專門 ê，固定 ê 田園提供作品來發表 kap 論述 ê 發展、作品 ê 評論。《蕃薯詩刊》內底，m-nā 有各種文類作品，各期 iáu 有理論篇，以及數量雖然無濟，但是也有評論。Tī 數量方面，確實有達到量產 ê 目標；作品 ê 文類，除了詩一類 mā 兼顧散文、小說等，各期 ê 理論篇對台語文、文學運動理論 ê 建立來講 mā 是眞重要。」〔註7〕

另外，「《蕃薯詩刊》mā iáu 有結合國內外運動 ê 功能 kap 意義。Tī《蕃薯詩刊》第 1 號 ê 同仁名單內底，有二位 tòa tī 國外 ê 同仁：羅文傑 kap 胡民祥。胡民祥是海外重要 ê 台語文學運動者，mā 是戰後運動 ê 理論者，眞早著 ham 國內 ê 運動者有接觸；羅文傑著是 tī 海外創辦《台文通訊》ê 鄭良光。Tī《蕃薯詩刊》第 1 號，胡民祥著發表二篇論述性 ê 文章，羅文傑 mā 有一篇，加上第二期以後列入同仁名單 ê 鄭良偉一篇，佔理論篇總數六篇 ê 三分之二，chia 著會得看見參與 ê 程度。」〔註8〕

《蕃薯詩刊》第 1～7 集中各種文類的數量，共出現理論 78 篇、譯詩 4 首、詩 439 首、散文 114 篇、小說 3 篇、信簡 19 篇及訪問 2 篇等，其中又以理論、詩及散文三類作品較多，「大多數 90 年代前半葉有關台語文學運動理論 kah 文學評論 ê 文章差不多 lóng 發表、轉載 tī tsit 份刊物；上好 ê 台語詩、散文、小說也差不多 lóng 發表、轉載 tī tsit 份刊物。」〔註9〕。

而身爲當時本土語言社團中唯一純文學性組織的「蕃薯詩社」，努力於文學傳播管道的多方開拓，也達成了階段式任務，除《蕃薯詩刊》中文學創作數量的增加及各種文類的兼顧外，在《自立晚報》和《民眾日報》的副刊所開闢台語專欄，讓許多學者和作家發表對大眾倡導台語文理論的文章，爭取了主動的發聲機會和台語文學的發表空間。

〔註7〕蔡瑋芬著，〈1990 年代初期台語文運動 e 雙箭——論《蕃薯詩刊》kap《台文通訊》tī 運動中 e 角色〉，《2006 台語文學學術研討會論文集》。台南：國立成功大學。2006 年，頁 18-5。

〔註8〕蔡瑋芬著，〈1990 年代初期台語文運動 e 雙箭——論《蕃薯詩刊》kap《台文通訊》tī 運動中 e 角色〉，《2006 台語文學學術研討會論文集》。台南：國立成功大學。2006 年，頁 18-4～18-5。

〔註9〕林央敏著，《台語文學運動史論》，台北：前衛。1997 年。頁 104。

因此，「蕃薯詩社 ê 創社 kap《蕃薯詩刊》ê 創刊是台語文學運動進程——nih 相當重要 ê 觀路牌。」〔註10〕它的文學成果是豐碩的、影響是深遠的。

二、《菅芒花詩刊》及《菅芒花台語文學》的書寫文類

與《蕃薯詩刊》一樣，《菅芒花詩刊》和《菅芒花台語文學》也是包含了許多不同的文類。

施俊州認為，《菅芒花詩刊》的運動經驗是一種「社區營造」，把「《菅芒花》詩刊看作一個『學習團體』，討論重點 khng ti 文學素養（literacy）的學習 kah 累積，尤其是寫作 chit 方面的成績。」〔註11〕他並表示，「鄉城台語文讀書會、菅芒花台語文學會所出的刊物，到目前為止表現的抑是小眾媒體的性質，這是整個台語文學界的困境，一方面是主流華語文化長期壓制的結果，一方面是文學隊伍抌起步、從事台語文學的寫手猶無濟，發表的作品難免『習作』風格。」〔註12〕但他也指出《菅芒花詩刊》在改以革新號出刊後，「漸漸脫離地方性、走向全台串連的編輯內容，又 koh 啓示台語文學的前途。」〔註13〕

周定邦表示，以文學運動角度來看，《菅芒花台語文學》投稿的作品有不少是剛學寫的台語文作品，確實達到鼓吹「喙講父母話，手寫台灣文」的母語書寫的精神及提供發表園地的出版目的，他認為，「若換用文學運動的角度來看《菅芒花台語文學》，汝會感覺用佇每一期內底攏一直咧生湠。」〔註14〕

藍淑貞則指出，「台語白話文的發展，自賴和開始，有詩、有散文、有小說，也有評論。其中詩的發展上緊，到甲九○年代，已經行過發芽、霜凍的艱苦階段，開始開花、抽枝、發葉。」〔註15〕

〔註10〕 廖瑞銘主編，《愛・疼・惜：2008 台語文學展專輯》，台南：台灣文學館。2008 年 9 月第一版一刷。頁 30。

〔註11〕 施俊州著，《寂寞，或是鬧熱的花園：《菅芒花》詩刊的文學實踐 Kah 內涵試論》，台南：成功大學台灣文學研究所碩士論文。2006 年。頁 5。

〔註12〕 施俊州著，《寂寞，或是鬧熱的花園：《菅芒花》詩刊的文學實踐 Kah 內涵試論》，台南：成功大學台灣文學研究所碩士論文。2006 年。頁 5～6。

〔註13〕 施俊州著，《寂寞，或是鬧熱的花園：《菅芒花》詩刊的文學實踐 Kah 內涵試論》，台南：成功大學台灣文學研究所碩士論文。2006 年。頁 6。

〔註14〕 周定邦著，〈風佇秋天掖種——介紹《菅芒花詩刊》佮《菅芒花台語文學》〉，《菅芒花詩刊革新號第四期——莊柏林專號》，台南：菅芒花台語文學會。2005 年 7 月，頁 106。

〔註15〕 藍淑貞著，〈台語的火車頭——黃勁連〉，《菅芒花詩刊第十二期——台灣野百合》，台南：菅芒花台語文學會。2008 年 6 月。頁 42。

　　1997 年《菅芒花詩刊》的發行,「將咱的文化、感情用台語共伊寫落來,然後共伊發揚生湠落去」〔註16〕,因此,堅持文學的路線,文類相當多元化。而 2000 年發行《菅芒花詩刊革新號第一期》時,方耀乾曾表示,「《菅芒花詩刊》自第一期開始到第三期,內容的文類有:詩、散文、評論、翻譯。本會佇 1999 年 1 月 1 日閣發行的《菅芒花台語文學》,文類也有:詩、散文、評論、翻譯。『菅芒花台語文學會』的理監事曾就討論講是毋是愛有一個分別。最後決定《菅芒花詩刊》回歸伊雜誌名的原本面腔,刊載詩佮詩評、詩論,而且用精選集的方式來刊登詩作。」〔註17〕因此,《菅芒花詩刊》在發行三期後,從《菅芒花詩刊革新號第一期》出刊至《菅芒花詩刊革新號第五期》。方耀乾更進一步指出,「文學的質愛予出來,安爾台語文學才會有春天。」〔註18〕周定邦也表示,「《菅芒花台語文學》就親像是新兵訓練中心,《菅芒花詩刊》就親像是文學的戰場。」〔註19〕

　　《菅芒花台語文學》則刊載著各種的文類,詩、散文、小說、戲劇、評論、翻譯及採集的民間文學,最大的用意是鼓舞新人加入寫作,「《菅芒花台語文學》是一份卜創造有主體性、有本土觀、有世界觀的現代台語文學而創辦的新刊物,向望疼惜台灣本土語言、文字佮關心台灣本土文化的友志鬥陣來拍拼耕作。」〔註20〕。周定邦也表示,《菅芒花台語文學》的產生提供了更廣闊的發表園地,鼓舞更多的人投入台語文學創作的行列,「所以無論詩、散文、小說、評論、民間文學的採集,只要是台語書寫的作品攏是邀稿的對象,佮《菅芒花詩刊》以現代詩做重點無仝。」〔註21〕。因此,除創刊號多是讀

〔註16〕方耀乾著,〈向望南風搭心肝〉,《菅芒花詩刊革新號第一期》,台南:菅芒花台語文學會。2000 年 9 月 30 日。頁 3。

〔註17〕方耀乾著,〈向望南風搭心肝〉,《菅芒花詩刊革新號第一期》,台南:菅芒花台語文學會。2000 年 9 月 30 日。頁 3。

〔註18〕方耀乾著,〈向望南風搭心肝〉,《菅芒花詩刊革新號第一期》,台南:菅芒花台語文學會。2000 年 9 月 30 日。頁 4。

〔註19〕周定邦著,〈風佇秋天挍種——介紹《菅芒花詩刊》佮《菅芒花台語文學》〉,《菅芒花詩刊革新號第四期——莊柏林專號》,台南:菅芒花台語文學會。2005 年 7 月,頁 111。

〔註20〕菅芒花台語文學會編,《菅芒花台語文學第二期》,台南:菅芒花台語文學會。1999 年 4 月 1 日。首頁。

〔註21〕周定邦著,〈風佇秋天挍種——介紹《菅芒花詩刊》佮《菅芒花台語文學》〉,《菅芒花詩刊革新號第四期——莊柏林專號》,台南:菅芒花台語文學會。2005 年 7 月,頁 104。

書會成員的作品外，第 2 期開始接受外界的投稿，刊登了不少剛學寫的台語文作品，確實提供更廣闊的發表園地以推展母語的書寫精神。

　　根據研究者的統計，《菅芒花詩刊》第一至三期、《菅芒花詩刊》革新號第一至五期及《菅芒花詩刊》第十二期中各種文類的數量，共出現文學評論 1 篇、語言論壇 1 篇、文字論壇 2 篇、專訪 4 篇、專論 9 篇、詩序 2 篇、詩論 7 篇、台灣文學雜誌專輯 5 篇、詩 484 首、散文 47 篇、小說 2 篇、囡仔歌 21 首等；而《菅芒花台語文學》所包括的文體亦十分豐富，文類更多元，根據研究者的統計，《菅芒花台語文學》第 1～4 集中各種文類的數量，共出現語言論壇 4 篇、專論 2 篇、評論空間 6 篇、文章導讀 7 篇、台灣文學學期報告 2 篇、台文天地 2 篇、人物專訪 1 篇、台語專欄 1 篇、演講稿 1 篇、民間文學採集 1 篇、褒歌欣賞和導讀 1 篇、七字仔 7 首、歌謠創作 2 首、台灣笑詼 1 首、答喙鼓 1 首、詩 82 首、散文 30 篇、小說 1 篇等，幾乎所有的文學形式都曾以台語做爲創作媒介出現在刊物上。

第二節　豐富的書寫主題

　　四百年來的台灣歷史，並不是一段平靜的歷史，而是承受著各式各樣的悲喜苦痛，各種政治的、社會的、文化的衝突接踵而來，更因此引出台灣人民的諸多感懷。爲了能眞實的紀錄下這塊土地上所發生的一切及人民的境況，台灣的文學作品，也呈現出多樣的風貌，但是若歸結到文學理論，「寫實主義」可做爲這種寫作風格的代表。

　　因此對於現實性、社會性的重視，是本土詩的主要特色。陳明台指出，戰後的本土詩，題材擴大、主題亦變得多樣化，「社會事件可以入詩、政治事件可以入詩、環保問題當然也可以入詩，可以說是一種『狀況顯示』的詩。這種詩與社會情境的結合，從中自然可以看出詩人的『詩意識』與現實的『政治或社會秩序』的接觸點，也就是詩人「精神」和「存在」的糾纏。」〔註22〕他更表示，戰後台灣的本土詩人「擁有強烈的關心時代、凝視現實的創作態度，其歷史經驗與現實意識投影於其作品中，往往能以記錄一己的精神史，來展現、把握時代的精神史。」〔註23〕因此，作品呈現追求主題及凸顯問題

〔註22〕陳明台著，《臺灣文學研究論集》，台北：文史哲。1997 年 4 月初版，頁 93。
〔註23〕陳明台著，《臺灣文學研究論集》，台北：文史哲。1997 年 4 月初版，頁 122。

意識。並將之分爲「詩人的原始體驗（詩人的歷史經驗），詩人對時代精神的把握（詩人的現實意識），時代現象和本土詩的主題（例如政治事件和詩的關連）。」〔註24〕

　　將《蕃薯詩刊》、《菅芒花詩刊》和《菅芒花台語文學》的作品，可歸納出：「台灣意識」、「土地眷顧」、「政治批判」、「社會關懷」、「故鄉思情」及「親人憶念」等六個主題。從這些主題可以看出《蕃薯詩刊》作家群希望達成的「關懷台灣佮世界，建設有本土觀、世界觀的詩、散文、小說」〔註25〕及「表現社會人生、反抗惡霸、反映被壓迫者佮艱苦大眾的生活心聲」〔註26〕的目的，以及《菅芒花詩刊》及《菅芒花台語文學》作家群，希望達成「創造有主體性、有本土觀、有世界觀兮現代文學。」〔註27〕的創設宗旨及「文學應該包容所有兮創作形式佮內容」〔註28〕的文學主張相應。

一、台灣意識

　　由於特殊的歷史脈絡，四百年來的台灣一直淪爲外來政權的統治，從早期的荷蘭、葡萄牙到日本等異族的統治，台灣人受盡欺凌自不在話下，即使到了到同文同族的鄭氏政權，台灣仍無法獲得主體的地位；而只是不同敵對政權對抗的工具。到了清末甚至成爲戰敗的求和品，割讓爲日本的殖民地。因此當 1945 年國民黨政權接管台灣之初，對台灣人民而言是是結束異族統治，「出頭天」願望的實現，然而天不從人願，甫於太平洋戰爭獲勝的國民黨政權，以勝利者之姿，將台灣視爲戰敗國，台灣人民自然也成了戰敗國人民，特別是台灣受日本統治五十年，在這期間日本積極發展教育，甚至在推行皇民化教育，企圖從意識型對台灣人民進行改造，讓台灣人民從內心認同自己即爲日本人。這樣的教育推行過程，使得國民黨政府認爲台灣人民受了五十年日本教育，是必須嚴於改造與防範，這種不平等的對待，使得台灣意

〔註24〕陳明台著，《臺灣文學研究論集》，台北：文史哲。1997 年 4 月初版，頁 109。

〔註25〕〈蕃薯詩社成立宗旨〉，《蕃薯詩刊・1・鹹酸甜的世界》，台南：台笠。1991 年 8 月 15 日。頁 3。

〔註26〕〈蕃薯詩社成立宗旨〉，《蕃薯詩刊・1・鹹酸甜的世界》，台南：台笠。1991 年 8 月 15 日。頁 3。

〔註27〕方耀乾，〈阮兮四個宗旨佮四個主張〉，《菅芒花臺語文學創刊號》，台南：菅芒花台語文學會。1999 年 1 月 1 日。頁 6。

〔註28〕方耀乾，〈阮兮四個宗旨佮四個主張〉，《菅芒花臺語文學創刊號》，台南：菅芒花台語文學會。1999 年 1 月 1 日。頁 6。

識在 1945 年之後，非且未消逝不見，反而累積了更多的能量，而《蕃薯詩刊》的作品中，亦不乏此類作品。

如林央敏的〈福摩沙悲歌〉，就是為台灣人缺乏國族意識、只求個人利益有感而發所作的一首台灣悲歌：

> 自從彼群走路夠遮的鱸鰻，
> 霸佔咱美麗的河山，
> 祖先開墾的田園漸漸爛，
> 駛犁的阿伯愛閣拖磨。
> 有心反抗的鄉親，
> 互儂搦去用刀刈。
> 即款拖屎連的日子按怎活？
> 豈講咱的性命像塗沙！
>
> 古早彼粒月娘猶原真孤單，
> 佇天尾頂金金看，
> 看咱台灣儂的英雄義俠，
> 互扑互關互儂追趕。
> 有厝無國那孤兒，
> 可歎朝代底時換？
> 月光澹澹流落塗跤直直淡，
> 淡駕月娘目屎像水泉！
>
> 企佇傷心的田岸
> 陣陣冷風吹疼阮心肝。
> 福摩沙！福摩沙！
> 月娘伴阮唱出悽涼的悲歌。

（《蕃薯詩刊・1・鹹酸甜的世界》：217～218）

台灣意識的最基本特徵，是以台灣主體做為行事、論述的出發點，而不是其他者的附屬品，林央敏在這首詩中，一開頭即以「走路夠遮的鱸鰻，霸佔咱美麗的河山」，點出台灣與國民黨政府的關係，之後的詩文，更是圍繞著台灣人在國民黨政府來台之後，台灣人悲慘的處境，「祖先開墾的田園漸漸爛，駛

犁的阿伯愛閣拖磨。有心反抗的鄉親，互儂搦去用刀刈。即款拖屎連的日子
按怎活？」，對於台灣人所面臨的這種處境，詩人將之將歸結於「有厝無國」，
「厝」是每個人的庇護之所，可以遮風避雨，而「國」則是一個族群的安命
之所，「有厝」充其量只能求個人身體不受自然力量的侵襲，「無國」卻會讓
一個民族受到殘酷的宰制，就在那天上灑落的月光與田埂吹來的寒風，靜靜
的、無聲息，也無止境的傳唱著。

　　就算是受盡苦難，遭逢困厄，台灣人還是懷著希望，這樣的心性主要是
來自蕃薯特性的隱喻。黃樹根的〈台灣的命運〉，同樣描述著台灣悲苦的命運，
但是台灣就像是蕃薯一樣，只要落地了，就會重生：

　　　　若是落塗會爛
　　　　但是枝葉會潭
　　　　咱著免驚惶
　　　　蕃薯的心
　　　　永遠守佇即塊所在
　　　　外來豺狼袂凍來踐踏
　　　　彼條索仔為何
　　　　將阮縛死死
　　　　連喘氣都袂順
　　　　是唔是命運鎖鍊塊作怪
　　　　咱家治的運途為何
　　　　總是別儂咧決定
　　　　彼條索仔扭來扭去
　　　　咱的命運煞親像
　　　　八月時風颱天
　　　　唔知會被吹夠佗位去

　　　　　　　　　　　　　　（《蕃薯詩刊‧2‧若夠故鄉的春天》：224）

不管外來的豺狼如何蹂躪，綑綁的繩索綁得多麼的緊，讓我們的命運充滿著
不可測的未來，讓許多先賢前輩撲地倒下，但是台灣命運就如同蕃薯落地，
雖然滿是困苦，雖然會腐欄，但是卻有更多的枝芽會從中冒出來，後起生命
依舊旺盛，繼承著落土枝延的台灣魂，永遠守護著這塊土地，也永遠守著一
個夢。

　　黃勁連的〈抱著咱的夢〉，胡民祥曾解讀「伊個人的夢，伊莊頭人的夢，家鄉人人的夢，台灣人的夢，台灣民族的夢」，〔註29〕說明了為何台灣人在受盡苦難後，仍然堅強面對，勇敢前行，因為這塊土地上的人民，共同擁有一個四百年仍未實現的美夢：

　　　　抱著一個夢
　　　　唔驚風冷霜凍
　　　　咱的祖先
　　　　拚過烏水溝
　　　　拚過唔知名的漁港
　　　　拚過闊茫茫的大海
　　　　誅風撘水、駛孤帆

　　　　抱著一個夢
　　　　咱的島嶼
　　　　抱著祖先的夢
　　　　婆娑的海洋
　　　　抱著祖先的夢
　　　　珊瑚的海岸
　　　　月光照落的山河
　　　　抱著祖先的夢

　　　　每一個漁港
　　　　每一隻船的出帆
　　　　有祖先的夢
　　　　咱的土地有夢
　　　　咱的溪水有夢
　　　　咱的田園有夢
　　　　有祖先的夢

〔註29〕胡民祥著，〈綿綿勁連之夢〉，《菅芒花詩刊第十二期──台灣野百合》，台南：菅芒花台語文學會。2008 年 6 月。頁 39。

抱著咱的夢

唔免心沈重

不管做叼項

不管擔菜抑賣蔥

不管作穡抑做工

勞力來拚拼

一定有希望

唔免驚天暗

唔免驚雨水

潑入窗　出外的

心情放互輕鬆

不管是頂港下港

台灣頭台灣尾

逐家攏有向望

抱著咱的夢

有一工有一工

一定唔是眠夢

春花開出咱的美夢

咱會完成祖先的心願

完成祖先的夢

　　　　　　（《蕃薯詩刊・3・抱著咱的夢》：107～109）

台灣人的美夢，支持我們的祖先，無視黑水溝的驚天裂岸，一塊舢板船就從唐山過台灣，追求自己的理想，這個理想也烙印在台灣這個島嶼之上，成為台灣島的美夢，不管是從事何種行業，台灣夢已經成為所有台灣人共同的願望。因此，不管是遭受到多大的困難，對於心中這個美夢永遠不放棄。

　　台灣意識即是要對台灣的一切事物，具體山川地貌、歷史人物與抽象的文化習俗有所了解，更重要的是將之視為重要與值得珍視的對象。胡民祥的〈蕃薯仔兮心聲告白〉，便直率而清楚地表達出台灣意識的內容：

詩人一流華語詩

無聽過南國哀歌

無吟過女工悲曲

無讀過亞細亞分孤兒
煞講蕃薯是無花果
掠準台灣無詩也無文學

等候流浪北美洲
佇革命分聖地
人人喙講台灣話
學習台灣史地
看著賴和楊華吳濁流
捶心肝罵家己

早年目珠煞無金
台灣文學詩人
做陣渡帆回鄉
聽著蕃薯詩
煞講：有台語、無文學
有寡道理分款
那項：有老母、無夫人
半世紀前有亂都之戀分詩人
……
寫三十外冬少人看
唔是咱分詩無夠好
是蕃薯仔無愛芋仔文
鄉親煞唔知咱分詩
是圓抑是扁
也唔是鄉親唔捌詩
是咱咧講外來語
失去母語蕃薯韻
鄉親聽著芋仔聲
耳朵勿會起共鳴
心肝勿會振動

　　斯文人寫華文詩

　　外來語隔一重紗

　　走路兄弟勿會曉欣賞

　　烏手分寫台語詩

　　吟詠母親分名叫台灣

　　連斯文人嘛喝瓚

　　……

（《菅芒花詩刊　菅芒花開》：61～63）

　　無知常常會蒙蔽對事物真相的判斷，詩人在第一段首先描寫了眾人只知有華語詩，並且能歌善賦，但是卻對描繪台灣土地人事物的文學作品一無所知。在地的台灣人不知道有「南國哀歌」、「女工悲曲」，也不知道「亞細亞的孤兒」，這種「不知道」的情形，往往成了「沒有」的認定，認為台灣沒有文學作品，但是難道台灣真的是「無花果」嗎？四百年來真的在文學成就上一無是處，毫無建樹嗎？

　　相對於台灣內部對本土文學的無知，海外人士遠在異鄉卻開始了解、接觸、珍惜台灣的一切，這時的台灣意識才開始萌芽，台灣不只有「台灣文學」，更有值得珍視的「自己的台灣文學」，那些來自底層勞動者的心聲不是粗卑無味的，而是最真實的生命呼喊。

　　將台灣當成唯一的目的，而不是達成其他目的的工具，就是是否具備台灣意識的最佳判斷準則。許正勳〈台灣三部曲〉傳達的就是將台灣當成唯一安身立命之所的意念：

　　台灣　美麗分台灣

　　弓蕉　蕃薯　蓬萊米

　　澇水　淡海　阿里山

　　即款世間好所在

　　祖先拍拚留互咱

　　台灣　悲悽分台灣

　　紅毛　荷蘭　鄭王朝

　　滿清　日本　蔣政權

　　無甲一个來疼痛

共咱當作是客棧
台灣　希望分台灣
風颱　大水唔免驚
民主　自由出頭天

為著囝孫分將來
獨立分路行向前

（《菅芒花詩刊　心悶》：97）

所謂父不嫌子醜，子不嫌父貧，然而並非子真的不醜，也不是父真的不貧，而是那種心有所屬，那種不捨與疼惜的感情。許正勳這首〈台灣三部曲〉，正表達出這樣的感懷，台灣的山川、河渠在詩人的眼中，是那麼的美麗，台灣受到的委曲是那麼的令人嘆息，而這種感情來自是台灣是唯一，是世世代代祖先奮鬥與子孫綿延的所在。

不過這種台灣意識的蒙發，並非無根憑空生成，也非忘祖般的無情，因此對於祖先移居而來的唐山的思念，也早已融入做為台灣意識的濃稠成分，方耀乾這首〈台灣是阮的故鄉〉，便婉約而清楚地表達，台灣意識與對唐山的懷念並非不兩立的矛盾情結：

黃昏的時
阮的祖先捌徛踮
台窩灣的海邊
共金色的海湧借問
唐山的爹娘
恁平安否
有媽祖的保庇
阮佇安平誠平安

黃昏的時
阮挺挺徛踮
天后宮的廟埕
媽祖溫柔共阮問
汝有思念唐山的祖先否

　　　阮的祖先早佇唐山過身矣

　　　祖先是阮遠遠的思念

　　　台灣卻是阮記持內底

　　　上實在上溫暖的故鄉

　　　　　　（《菅芒花詩刊革新號第四期——莊柏林專號》：239）

同樣的黃昏時刻，同樣的土地方位，祖先所遺留下的身影仍在思念中揮之不去，但是遙寄思念的唐山，畢竟只是思念的遠方，而台灣才是我們真正的故鄉。

　　台灣意識一方面表現在對土地的認同、對人民的疼惜，更表現在對未來走向的看法，以及對當家做主的渴望。而這樣的願望也唯有在民主的制度之下，才可能得以實現，因此在台語文學的詩作中，有頗多描寫台灣民主選舉的作品。張清河的〈民主的寵兒，蕃薯仔的傳奇〉，描寫的正是 1998 年北、高二市市長選舉的結果，在那場驚心動魄的選戰中，原本不被看好的謝長廷驚險贏得高雄市長，而挾七成滿意度尋求連任的陳水扁，卻意外落選，而更令人的意外的是二年後，市長落選的陳水扁卻終結了執政五十年的國民黨政權：

　　　歡呼的聲　喊喝的聲

　　　唯逐個人的心內嚷出來的聲

　　　唯四面八方，親像排山倒海

　　　親像大海湧共款的勢面

　　　不知是落選亦是當選，分袂清楚的場面

　　　聽汝颺聲的演講，就想著迄暝

　　　下港唱出「快樂的出帆」昇起南方的小太陽

　　　頂港卻是「春天的花蕊」開未成

　　　跋倒佇「歷史的牆圍」

　　　看汝微笑抱著牽手落台的畫面

　　　就想起四百年來，苦悶的台灣

　　　啥人會料想，當年的散赤囝仔

　　　如今是集台灣人「寄望於一身」的民主寵兒

　　　唯汝無恨，無怨嘆的言語中

> 阮衷心希望汝領台灣人民
> 踏出中國的陰影
> 行向真正光明的台灣

（《菅芒花台語文學第 2 期》：61）

的確，一位赤貧之子，曾經牽繫著多少台灣人的夢想，而這樣夢想也的確曾經有實現的機會，詩中描繪的場景——陳水扁台北市長落選，曾經令所有台灣人心碎，「春天的花蕊開未成」，但卻也凝聚成了更大更強的力量，推倒那堵堵住進步的牆，將台灣的歷史繼續往前推進，如今陳水扁又再次牽動台灣人的情感，卻不知道能不能凝聚再一次奮起的力量，啊！台灣，這塊苦難的土地。

二、土地眷顧

土地、人民與主權，是現代國家組成的要素。因此，除了對抽象層次的台灣主體意識的發揚外，對土地的眷顧，也是台語詩作中重要的寫作面向。特別是為彰顯台灣話是包含了所有在地的語言，因此詩刊中亦不乏以福佬話之外語言寫就的詩篇。利玉芳的〈瓦窯〉便分別以客語和福佬語寫成，描述一位下嫁鄉下的女子，對瓦窯抒發她的感懷，從中也透露對台灣過往的懷念：

> 熟似的儂喊佢瓦窯
> 這係厓嫁來莊下以後
> 分厓唔會感覺到生分的所在
>
> 祖公留下來的這塊土地
> 佢識無日無夜在燒自家
> 燒紅盡多的台灣瓦
>
> 現在
> 屋頂的風景
> 分溜苔磧著大家的記憶
> 雖然窯肚的火已經烏黑
> 厓等莊內的儂也無唔記得

　　薄薄的紅瓦

　　疊在牆腳下任在佢生溜苔

　　牽牛花手牽手藤佢攬緊緊

　　感覺到佢的手脈文文的跳

　　柳樹也藤佢抵日

　　蓋像聽到佢勻勻的透氣的心

　　識生產台灣瓦的瓦窯

　　像三月開得泛紅的木棉花

　　蓋著台灣紅又紅的土地

　　　　　　（客語）（《蕃薯詩刊・2・若夠故鄉的春天》：207）

伴隨台灣成長的許多傳統產業，在經濟起飛之後，紛紛為人們所遺忘。在鋼筋混凝土尚未普及的那個時期，紅磚瓦是台灣社會建築必備的建材，也因此造就了許多瓦窯，高聳的煙囪日日夜夜的燒著台灣土地，燒出一間一間遮風避雨的台灣人的家。本詩作者以客家語寫出一位初嫁鄉下的女子，對瓦窯的親切感，帶出對台灣土地的感懷之情。由於紅磚瓦是由泥土經高溫燒製而成，在此詩人巧妙的藉由對瓦窯的懷念，也表達出對台灣土地的濃烈情感，儘管那一片片薄薄的瓦片，現在只能靜靜的堆疊在牆腳，任憑風雨打，長滿青苔與牽牛花，但是由台灣土地化身而成的紅瓦仍然有著微微的脈動，輕輕的觸動著你我的心弦。

　　安土重遷是傳統的文化習俗，對人民而言，土地是生命的泉源，因此有許多的文學作品乃因應歌詠土地而生。做為農業社會的台灣，人民對土地的依賴更甚於其他社會。過去四百年的歷史中，台灣人民卻屢屢遭受外來統治者的壓迫而流離失所。蔡享哲的〈菅芒花開〉，藉由菅芒花特有的象徵，來比喻失去與土地聯繫的人們的苦痛及其希望：

　　菅芒花開佇秋天

　　春天是伊荸尹吐枝時

　　唔管儂講水抑黑

　　抑是嫌伊白花無芳味

　　秋天若夠

定著開甲滿山邊

菅芒開花白茫茫
滿山遍野隨風搖弄你講無水
有時感覺嘛迷儂

菅芒結籽著入冬
北風若透齊振動
芒花飛四散
只有存菅芒
花籽唔驚隨風散
只要落塗澷
年年開花
的確有向望

（《菅芒花詩刊　菅芒花開》：06～07）

菅芒花是台灣鄉下隨處可見的「雜草」，即使是在養分貧瘠，地形惡劣的環境下，它發達的地下莖仍能讓菅芒花得以存活。菅芒花在春天發芽，秋天會開出滿山遍野白茫茫的花海甚是壯觀，無色無味。到了冬天菅芒花會結籽並且隨風四處飄散，只要落地了就能就地長成另外一片白茫茫的菅芒花。因此人們常常以菅芒花無香無味、四處飄散，卻又生命力特強的特質，來比喻出自寒門的貧窮人家堅毅、不畏逆境的「生命力」，而這種處境與旺盛的生命力，正是幾百年來台灣土地與人民的寫照。

除了表達對土地廣泛的關懷和疼惜外，對城市的具體描寫，不僅可以傳達同樣的情感，更可以具體的指出在地的風土民情，為土地之美、人情之濃留下見證。藍淑貞以台南市為描寫對象的〈台南好城市〉，正為台南府城留下最好的記憶：

一府二鹿三艋舺
台南上出名
安平古堡　赤嵌樓
文化鼎盛有芳味
泮宮好讀詩

　　鹿耳門
　　郡王牽咱對遮起
　　億載金城鎮海邊
　　有古意　心歡喜

　　鳳凰花
　　兩爿開
　　花蕊紅豔笑微微
　　蟬聲滿街市
　　運河夕照真正水
　　親像深閨少婦抹胭脂
　　互儂心頭醉
　　點心好食無底比
　　生活樸實人心水
　　捌禮義　親鄉里
　　我愛台南好徛起
　　我愛台南好城市

（《菅芒花詩刊　阿福兮風吹》：50～51）

一府二鹿三艋舺，述說的是早期台灣繁榮的景象，雖然台南府城未能成為之後的政經中心，然而卻也因而得以保留許多傳統的風貌，建築與美食就是其中最為聞名的，詩中歷數台南在地特色建築、街道意象、巷弄小吃，以及古樸民情，都呈現在詩中，表達了對土地深深的關懷。

　　然而不管人民如何的關懷土地、疼惜鄉土，大自然的天災地變，仍往往使人措手不及感懷無限，發生在 1999 年的「九二一大地震」是近代台灣最大的災變之一，地震造成 2000 餘人死亡、上萬人受傷、10 餘萬戶房屋全倒或半倒，帶給台灣人民無限的傷痛，但是就如同過去數百年來無數天災人禍一般台灣人民儘管傷痛，但是仍能一次又一次站起來，在殘破的家園中，奇蹟般的再茁壯。值此「八八水災」重創台灣之際，蔡享哲〈咱愛閣徛起〉讀來這也特別令人感慨：

　　東勢和平去救災
　　引我滿腹的感慨

　　無限的悲哀
　　偌濟的無奈
　　是地變　是天災
　　是天公伯也對咱無疼愛
　　亦是大自然的反抗
　　惹來即款的禍害
　　瞬間　山走地也裂
　　轉眼　家破人失去
　　一時　暗地烏天
　　逃命靠運氣

　　可怕　可怕
　　悲哀　悲哀
　　……
　　無奈　苦嘆　傷悲
　　教訓毋通放袂記
　　咱總是愛閣來倚起
　　勇敢的台灣人
　　若是猶有一口氣
　　手牽手　心連心協力扑拚
　　相信咱會閣再來倚起
　　勇敢偉大的台灣人
　　咱袂安爾著認輸
　　咱愛閣再來倚起

（《菅芒花台語文學第 3 期》：38～39）

　　相信因果輪迴的傳統信仰，往往讓台灣人將天災視爲是上天對自己的報應，因此也反省特別深沉，但也因爲是將過錯歸因於己身，卻也同時暗含著重新站起來的力量。詩的前半段描寫震災的情景，令人怵目驚心，也懷疑是上天的毀棄、大自然的反撲，但是勇敢的台灣人，總是能從中獲得啓示與經驗，不會認輸也一定會再站起來。

三、政治批判

　　政治者管理眾人之事，因為每個人都是「眾人」之一，也都深受政治的影響。對政治的批判事實上就是對土地、對社會、對人民關懷的具體表達，特別是近代以來的台灣社會，莫不時時、事事處在政治的運作之下，因而對政治的批判，也成了眾詩人抒發情感的面向之一。

　　在眾多的政治事件中，發生在 1946 年的「二二八事件」可說是影響台灣近代史上最為深遠的政治事件，因此廣泛地被納入做為文學創作的主題。陳明台即曾指出，「戰後以『二二八事件』為主題的詩，數量不少，其中就可能各有表現的焦點，或置重點於事件的敘述，或深化悲哀情緒展現理想主義、人道主義的精神，但共通地都含有政治批判的意圖。」〔註30〕洪錦田也表示，「二二八事件、白色恐怖 ê 凌治時期也過去 ah！免閣再驚惶，語言是平平仔大，做咱大 pān-大 pān，用咱 ê 母語來『交談』，用咱的母語寫出來。」〔註31〕顏信星的〈阮無愛閣哮〉，描繪一位受難者子女，在面對父親冤死後心境轉變的過程：

> 阮無愛閣哮！
> 雖然「二二八」互阿爸的血水滿街四界流
> 阮無愛閣哮！
> 雖然「二二八」互阿母的目屎少年翱
> ko 駕（ka）老
> 四十外年來
> 無有翁婿的日子，烏雲逐日掛天邊
> 四十外年來
> 無有阿爸的暗暝，夜鳥逐暗為阮啼
> 唔是阮袂曉用喙齒賠喙齒，
> 是阮知影冤冤相報無了時
> 唔是阮無愛將伊放袂記，
> 是因為阮夠今猶袂看著四正的公義
> 還阮真實的歷史，互阮撥開久久罩在心頭的暗霧

〔註30〕陳明台著，《臺灣文學研究論集》，台北：文史哲。1997 年 4 月初版，頁 120。
〔註31〕洪錦田著，〈推動台語文學愛來 ùi 家庭做起〉，《蕃薯詩刊・6・油桐花若開》，台南：台笠。1994 年 8 月 1 日。頁 23。

　　　　還阮人性的尊嚴，互阮心甘情願擲落手中的刀劍

　　　　阮無愛閣哮！

　　　　……

　　　　直夠即塊土地開遍民主、自由、和平的花草

　　　　直夠阮的囝孫唔免閣流淚、在此起造 in 永遠的兜

　　　　　　　　　　（《蕃薯詩刊・3・抱著咱的夢》：203～204）

在四十年的哭泣與怨恨後，詩中主角決定不再流淚，因為歷史的眞實逐漸浮現，對公義眞相的追尋仍在繼續著，詩中主角願意放下心中的怨懟，將這段悲傷化做滋潤土地的養分，將父親的血與母親的淚都化做開展台灣民主花朵的動力。

　　對二二八事件的描寫，也是《菅芒花詩刊》的主要政治議題，透過年代的記述，場景的描繪以及對人物的懷念，呈現出詩人眼中的二二八事件。王寶星在〈目屎佮血所染兮紅花〉一詩中，從四百年前台灣境遇開始寫起，描寫在日本刺刀、美國飛機威脅下的台灣人民，是如何以興高彩烈的心情，迎接另一個令她們陷入更深沉痛苦深淵的「頭家」，卻忘記了原來是可以自己做主人的：

　　　　四百冬來

　　　　即塊島嶼就不斷有風颱

　　　　總是猶原徛在

　　　　……

　　　　風佇鳳凰樹尾

　　　　就佇府城兮城內

　　　　五十年前

　　　　in 互儂講無情無義

　　　　遮是鳥不語花不香兮所在

　　　　……

　　　　五十冬雖罔慘景

　　　　總是互儂講著歸化做皇民

　　　　……

　　　　風猶原咧吹

　　　　吹動了一蕊一蕊兮紅花

燒燙著即塊可憐兮土地
即塊土地
有美國兮飛機炸過
有日本兮刺刀滴落兮血
猶原有 in 甘願投降佇命運所滴兮目屎浸過

迄日佇雞籠仔港邊
in 用趒跳歡喜兮心聚會
去迎接 in 兮頭家
幾個月前就猶卜去學 in 兮北京話
雞籠兮港邊
雖是暗暝
也有萬盞兮燈火
in 兮心咧等待
in 兮心咧揣測
……
風猶咧吹
佇鳳凰樹兮樹尾
in 兮心頭有講攏勿會了兮怨悽
家己無想卜做主儂
又佫去認唔著老父。
……
石像公園
鳳凰樹尾親像

開著紅葩葩兮花
照紅了湯德章先生兮面皮
爲著替台灣儂講了兩三句話
幾聲銃聲結束了伊兮年歲
……
鳳凰樹頂兮紅花

風恬恬咧吹
吹遍府城兮街頭巷尾
古早所流兮目屎
佇石像前所流兮血
已經化做一圍兮火
印佇市政府兮厝尾
⋯⋯

（《菅芒花詩刊　菅芒花開》：30～35）

一句「家己無想卜做主儂，又佫去認唔著老父。」深深的道出了四百年來，台灣人仍然無法擺脫受人統治的悲情歷史，也成了之後五十年苦難的源頭，放棄自己當家做主機會的結果，是換來了紀念石像與流入土地的鮮血，就像從土裡長上枝頭火紅的鳳凰花。

而黃勁連的〈濃影伴孤燈——詩寫花蓮張七郎夫人〉，則藉由集中描寫花蓮張七郎夫人，所承受的喪夫、喪子之痛，近距離地呈現二二八事件對台灣人民的傷害：

花蓮兮暗暝，更深
夜靜，古井邊
兮蟲聲叫無停
梧桐葉一葉一葉
輕輕落在古井前

伊兮心親像海湧
伊兮心猶原攦跋摵
若想起四十二冬前
二二八兮不幸
伊兮目屎流勿會停
安定兮生活
幸福兮家庭
雄雄大海起風湧
⋯⋯
天公伯也汝無疼

疼咱台灣兮眾生
一重佮一重,一重
佮一重,四百冬兮歷史
一直重演島嶼兮不幸
這是啥麼世界
這是啥麼儂種
……
翁佮後生夆掠夆刣
叫伊如何走揣前程
伊兮目屎流勿會停
伊兮心猶原撙跋摒
四十冬後兮現在
星光月光轉無停
伊兮目珠已經失明

只聽梧桐葉落
一葉一葉落佇窗前
一葉一葉怨嘆伊兮飄零
只聽見蟲聲吱吱叫
……
只有伊消瘦兮形影
伴著暗淡兮孤燈

(《菅芒花詩刊 菅芒花開》:39～41)

同為醫生的丈夫和兒子,在士兵的刑逼聲與槍聲中失去了生命,四十年後,
只剩梧桐葉落聲與蟲聲,繼續悲嘆著她人生的不幸;這樣的不幸,又何嘗不
是台灣的不幸。全詩運用了許多場景的描繪,古井、梧桐、海浪、大圳、窗
前,營造出淒涼的景象,原是一家和樂,以救人為業的高級知識分子,承受
的卻是最不文明與最血腥的遭遇,怎不令有識者悲痛。

　　而鹿耳門漁夫則在二二八事件五十週年寫下〈悼二二八——五十週年〉
詩,藉由描寫五十年前國民黨政府來台的那個夜晚,機場、海面緊張紛亂的
景像,對照出五十年後,擺滿象徵悼念、悲傷百合、寧靜的和平紀念公園,

藉此無聲的控訴五十年來台灣土地與人民所遭受的苦難：

　　　　五十冬　半世儂

　　　　孤魂降　起大霧　茫茫茫

　　　　桃園機場、基隆港　勿振動

　　　　憨囝喂！　恁嘛愛　停眠一工

　　　　阿爸是二二八——被刣乎台灣儂

　　　　五十冬　半世儂

　　　　和平公園　百合花　芳芳芳

　　　　追悼會　按怎樣？　真小少年郎

　　　　憨孫喂！　悽慘教訓　哪當放

　　　　阿公是二二八——被刣乎台灣儂

　　　　五十冬　半世儂

　　　　阮乎故鄉　那會無肖全

　　　　勤儉、拍拼　走去藏

　　　　虛華、鱸鰻　大街小巷

　　　　鄉親喂！　阮是二二八——被刣乎台灣儂

　　附記：1997.02.27.世界日報十版報導標《霧籠全台、海、陸、空交通大亂》——「海」：漁船頻頻擦撞，基隆港三度封港；「陸」：高速公路車禍八起；「空」：部分機場關閉路電（取消 49 個航班，近 200 次航班受到延誤）。

（《菅芒花詩刊　菅芒花開》：88～89）

　　塵封五十年的二二八事件，在當時仍不為多數年輕學子所知，作者一開始，以二二八亡魂的意象，提醒鎮日奔波忙碌，無暇思索台灣歷史的後輩「停眠一工」，語調看似輕鬆，卻又蘊含著無限的沉重，因為「阿爸是二二八——被刣乎台灣儂」，雖然有了紀念公園，也有了芬芳的百合花，但是對二二八事件的記憶到底還有多少呢？

　　林滿足寫下〈疼惜二二八〉詩，一反一般以描寫人民苦難、指控執政當局的激憤基調，而是以軟柔的口吻描繪那段不堪回首的過去：

　　　　佇你的時代

　　　　毋敢哭　毋敢講

來來去去
毋敢有聲
地獄的烏無驚惶
毋知的白
才是恐怖

歷史的空喙
毋知疼　毋知惜
一窟血水
一葩燈火
點點溫情淡開來
免閣掩蓋
免閣冷漠

其實你知影
緊絬密　緊跳脫
分享祝福
放下悲情
這塊土地愛守護
牽阮的手
成你的夢

（《菅芒花詩刊第十二期──台灣野百合》：169～170）

「地獄的烏無驚惶，毋知的白，才是恐怖」，一語道盡那不種不知何處會踩踏到那條致命紅線的恐懼，但是五十年過去了，如何面對這段歷史，或許是現在更重要的選擇，詩人在此的選擇是「分享祝福，放下悲情，這塊土地愛守護，牽阮的手，成你的夢」。

　　二二八事件或許是一個永難磨滅的印記，李漢偉曾指出，「台灣詩人除了控訴、批判的來面對外，更可貴的是我們還看到出於寬恕的救贖心靈，讓愛來統治這塊土地，共同來承擔台灣多少年所累積的苦杯。」〔註32〕雖然在《菅芒花詩刊》的作品大部分都是由批判的角度出發，對當時的政治社會情境提

〔註32〕李漢偉著，《台灣新詩的三種關懷》，板橋：駱駝。1997 年 10 月初版。頁 81。

出控訴，但是亦不乏懷持著救贖的心情，希望台灣社會能夠放下沉重的過去，共同迎向未來。

除了「二二八事件」之外，戒嚴令的頒行與廢除，亦是影響台灣政治社會極其重大的事件之一，讓許多在戒嚴令下不能、不敢提起的事情，開始浮上枱面，然而台灣人民對戒嚴令的解除反應如何呢？李勤岸的〈解嚴之後〉提出了他的觀察：

> 台灣解嚴紀念
> 關佇戒嚴的籠仔內三十九冬
> 台灣總算加釋放
> 從此還咱自由的天空
> 無論飛懸抑飛下
> 攏未閣碰著
> 可惡的鐵線網
> 但是真奇怪
> 也無人放炮來慶賀
> 也無店仔免費招待過路人
> 無記者在街頭翕咱歡呼的相
> 只有報紙上電視上踅的搖尾仔的
> 尾仔搖駕將將欲斷去
> 其他一切攏全款
>
> 汝的批郵局照常替汝先看
> 收昧著的冊也永遠寄未夠
> 黨外雜誌猶原被搶空空
> 汝的電話猶原有人替汝聽詳細
> 解嚴以後一切照常
> 咱台灣猶原沒政治犯
> 只有良心的「叛亂犯」
> 軍訓教官猶原繼續在校園內
> 破壞咱的教育
> 安全單位猶原在每一個所在

製造沒安全
解嚴以後

猶原在烏暗中
有兩蕊貓仔目珠
射出互儂驚惶的寒光

（《蕃薯詩刊・1・鹹酸甜的世界》：199～200）

1987 年 7 月 15 日禁錮台灣三十八年的戒嚴令，終於解除了，按理說戒嚴令的
廢除，對台灣人民來說應如同大旱之望雲霓，而以歡欣鼓舞之姿來迎接才
對。但是詩人在詩中，卻指出「也無人放炮來慶賀，也無店仔免費招待過路
人，無記者在街頭翕咱歡呼的相」，這個景象彷彿顯示台灣人對戒嚴令的解
除毫無感覺，難道是因為戒嚴令並不如反對者所說的，對人民產生極大的危
害？李勤岸接著寫道：「汝的批郵局照常替汝先看，收昧著的冊也永遠寄未
夠，黨外雜誌猶原被搶空空，汝的電話猶原有人替汝聽詳細，解嚴以後一切
照常，咱台灣猶原沒政治犯，只有良心的『叛亂犯』，軍訓教官猶原繼續在
校園內，破壞咱的教育，安全單位猶原在每一個所在，製造沒安全」，原來
戒嚴令雖然解除了，但是對人民拑制的手段並沒有跟著廢除，而是化身為其
他法令，繼續監控著台灣人民的一切言行。李勤岸這首詩，應該是著眼於批
判當時解嚴後所陸續制定的一系列違反人權的法令，例如〈集會遊行法〉、〈政
府出版品管理辦法〉等，接續在戒嚴令之後，「猶原在烏暗中，有兩蕊貓仔
目珠，射出互儂驚惶的寒光」。

　　除了具歷史深度的政治批判外，《蕃薯詩刊》中也不乏對民主進程中一些
光怪陸離的現象提出批評。李勤岸為「和平選舉運動」而寫的〈候選人的夢〉，
生動的寫出台灣民主政治中選舉過程中黑金介入，而使候選人又愛又怕的心
理：

炮仔聲嗶嗶剝剝
無驚無驚
無可能是銃聲
選舉唔是戰爭時

出門穿衫愛 pih-chah
免急免急
煞尾也掛彩帶
無穿防彈衣
免驚會掛彩

競選總部的看板
搭互懸懸
搭互氣派氣派
大頭像笑咪咪
目頭不免憂
無儂會來放火共阮燒

各位父老兄弟姊妹
登記第一號
肯扑拚敢犧牲
拜託！拜託！
汝看我雙手舉即懸

我投降
千萬不通開銃
拜託！拜託！
請互我死
互我死在立法院

（《蕃薯詩刊‧1‧鹹酸甜的世界》：204～205）

選舉是民主政治運作的重要機制，透過全民自由意志的展現，選擇合乎人民利益的統治集團為民服務，然而在台灣民主政治的發展過程中，選舉運動往往為其他不當力量所掌控，「黑與金」就是其中危害最大的二者。李勤岸這首「和平選舉運動」，用反諷的口吻，描繪了候選人在選舉過程中，面對各種的暴力的陰影，「選戰」有如「槍戰」一般的讓人心驚。滿街熱鬧的鞭炮聲，會

不會雜夾著槍聲？彩帶、競選背心下穿著防彈背心，高高懸掛的看板上頭英挺的候選人，眉頭也不免憂心忡忡，即使是拜票的高舉雙手，也在下意識的被詮釋成是求饒，希望能不被暴力所害。最後一句則是忠實的呈現出候選人內心的渴望，就算要死也要在當選之後死在立法院。

四、社會關懷

戰後的本土詩人表達其強烈現實關懷意識的方法，是將現象加以記錄，並以事件作為詩的題材來表現。事件或話題會成為詩人愛用的題材，是因為事件或話題具有多樣的意義，是活生生的教材，也能帶給人深刻的印象，進而收到借題發揮的良好效果。事件詩的多量創作，正是戰後本土詩人顯示其熱中於社會、政治參與的一個表徵。

對於戰後詩人表達出對社會現實的強烈關懷的現象，彭瑞金在《台灣文學探索》一書中說：「作家們，不論是詩人、小說家、散文家，對政治現實的關心，對弱小族群的關懷，對生存環境空間的留意……，在進入九○年代之際，已經成為普遍的共識，這已足夠成為台灣文學本土化的重要里程碑。」〔註33〕，亦即政治、社會、環境等，是 1990 年代台灣文學普遍的書寫主題。

而什麼才是一個安定的社會呢？士農工商能夠各安其業的社會，就是一個安定的社會，也是一個政府的基本任務，但是公權力做為用以維護人民生活、社會安定的基礎，卻不盡然符合實際情形，更多時候，政府公權力反而成為社會安定、人民生活的阻礙。周鴻銘的〈店頭家的悲哀〉，正寫出了一個小頭家在官員要脅下的無奈心聲：

> 開店好看頭
> 親像查某面粉抹真厚
> 有一日大人行跤夠
> 厝前厝後巡透透
> 講阮做生意卡實爻
> 促銷也會曉
> 錢趁絕對　眛了
> 啥知無外久稅金直直跳

〔註33〕彭瑞金著，《台灣文學探索》，台北市：前衛出版。2003 年 4 月初版第 2 刷。頁 289。

　　　　　互阮提著稅金強卜哭
　　　　　唉呀！即位大人怎樣攏總想昧曉

　　　　　小店仔怎比大企業
　　　　　小店仔的開支是濟駕若水流
　　　　　講什麼阮錢趁絕對捧昧了
　　　　　講甚麼促銷阮會曉
　　　　　講甚麼做生意阮卡實巧
　　　　　原來夫全部是藉口
　　　　　唉呀！好看頭有甚麼效
　　　　　面粉洗洗柱仔一粒一粒掩也掩昧牢

　　　　　　　　（《蕃薯詩刊・1・鹹酸甜的世界》：209）

稅務人員以店家生意興隆爲藉口，恣意提高稅金，背後可能掩蓋著其他不當
的企圖。在此，詩人巧妙的運用了化妝品的隱喻：「面粉洗洗柱仔一粒一粒
掩也掩昧牢」，就像化妝品塗抹得再多也掩不了底下的黑斑、雀斑和青春痘。
　　以事件入詩又可以反映詩人對現實動向的敏感，而最重要的是透過詩，
詩人可以表示其對事件的立場、態度。社會事件往往具備強烈的衝突性質，
爲了要捕捉這樣的特質，描寫社會事件的詩作，也通常使用了較多批判性的
語彙，然而在這些詩作中，對社會事件的描寫仍存在著多元的風格。藍淑貞
在 1998 年大園空難發生後所寫下的〈招魂〉詩，在綰約含蓄中，述說出社
會中的不平與感懷：

　　　　　一粒暗淡的夕陽
　　　　　漸漸往西方沉落去
　　　　　招魂旗綴著海風
　　　　　共叫聲喝出去
　　　　　一聲一聲
　　　　　消失佇空中

　　　　　消失佇海上
　　　　　……
　　　　　銀紙綴著海湧

起起

　　落落

浮浮

沈沈

愈流愈遠

愈流愈遠

哨聲大的龍喉

猶閣大聲哀叫

破碎的名字

一片一片

四散佇空中

四散佇海上

恁一直大聲咧哀叫

叫著已經無人回答的名字

（《菅芒花詩刊革新號第一期》：38～39）

生老病死原屬人生常態，然而意外事件卻往往來得令人措手不及，不僅死者含冤，生者亦難捨，在親友的最終離魂處，大聲喊出不會有回應的名字，這名字隨即碎裂灑落在海面，正如空中片片的冥紙四處飄散，成為生死兩隔的唯一聯繫。全詩中運用許多疊字，象徵呢喃不絕的思念。對於藍淑貞這種特殊的手法，施俊州即曾指出：

> 藍淑貞的詩風溫情浪漫，伊個人欣賞情思縣遠、優雅的詩句，寫詩力求用字淺白、意境幽深，重要的是愛 hong 看有；社會關懷之外，女性議題詩作往往出自切身經驗、阿母的身世（不幸的婚姻），無 toh 根據時事、新聞事件來鋪排發揮（這 mā 是成員普遍採取的手法），詩寫溫情、寫批判，有道德的懸度。〔註34〕

除了事出突然的社會事件外，那些深根在社會結構底層的社會問題，更是詩人普遍關注的焦點之一。

　　由於台灣是個農業社會，農民問題便成為社會的主要問題，因此對農民生活的描繪，便構成社會詩作的主要題材。許正勳的〈曝鹽〉，描寫著所有底

〔註34〕施俊州著，《寂寞，或是鬧熱的花園：《菅芒花》詩刊的文學實踐 Kah 內涵試論》，台南：成功大學台灣文學研究所碩士論文。2006 年。頁 26～27。

層農漁民的宿命——努力不等於成果：

> 日頭赤焱焱
>
> 照著一格一格的鹽埕
>
> 雙跤踏水車
>
> 一下懸一下低一直捗
>
> 卜引海水入淺坪
>
> 鹽耙仔拖了閣再拖
>
> 鹽堆親像一支山
>
> 鹽擔鐵肩拚命擔
>
> 一擔過一擔
>
> 日曝鹽會閃晰
>
> 日曝人汗水滴
>
> 滴啊滴　滴啊滴
>
> 滴袂離
>
> 鹽粒內底有汗味
>
> 敢有通買蕃薯
>
> 敢會當配鹹魚
>
> 敢有法度糴一寡仔米
>
> 啊，猶原愛看天

（《菅芒花詩刊革新號第一期》：41）

〈曝鹽〉詳細的描繪了曬鹽的過程，強烈的陽光、不停踩踏的雙腳、沉重的白鹽、滿身的汗滴，這些辛勤的努力能不能換得一袋蕃薯、能不能買回鹹魚、能不能購得一甕米，還是要看老天爺的意思。

農民的生活困苦所造成的社會問題，是貧富差距的擴大，正所謂朱門酒肉臭，路有凍死骨。吳新榮的〈別庄〉，描寫的正是台灣社會所存在的貧富差距現象：

> 鍥甲連徛分所在都無
>
> 我影著隔壁分高級
>
> 車廂，有白色椅仔套分椅仔

攏是空空兮無儂坐
對咱遮軟弱兮婦人儂、囝仔，
以及工作疲勞兮我
隔壁兮車廂是天國
至少這遠途兮三分之一亦好
夜間飛行兮一兩點鐘亦好
希望會當店奔走兮別庄歇困一下
我雄雄煞來勿會記冬尾兮艱苦

……
我若像得著人生兮願望
若像雄雄變成好額儂
迄一樣，一个儂坐一个位
但是舉頭我有影著四五個
穿和服佮燕尾服兮儂種
目珠食檳榔咧相阮
我趕狂看家己又看兮西裝
佮全是塗砂兮鞋仔
……
漸漸夜深兮半冥使儂畏寒
猶是普通車票則有儂兮溫暖
尤其是儂身軀兮氣味互我懷念

（《菅芒花詩刊 菅芒花開》：16～17）

物質享受能讓身體得到舒解，特別是勞苦的底層人們，但是心靈的舒坦卻非與身體的享受同步。這首〈別庄〉，藉由夜間行駛的二個車廂，對照出二個截然不同的現實世界。一個是辛苦勞工擁擠髒亂不堪的車廂，另一個卻是高級卻少有人搭乘的車箱。詩中主角多麼想望也能置身在隔壁的高級車廂之中，於此詩人隱喻著想要逃離自己苦難家鄉的衝動，這種心理渴求也在詩中主角行經隔壁村莊時再次浮現，希望疲累的自己能脫離現實短暫歇困，但穿著和服、燕尾服、眼睛不同色的人們，對照自己破舊衣鞋的侷促，這種來自內心的不安，超超了肉身歇息的渴望，反而想念原有環境人們相

倚的溫暖。

　　整首詩表達出艱苦底層勞工那種充滿矛盾的心態，一方面想要逃離自己身處的環境，以求得身體的解脫，然而置身異鄉所產生的心靈隔閡又讓他卻步。在台灣苦難的數百年歷史中，這種想逃離的心理矛盾不斷的上演著，1970 年代台灣退出聯合國、中美斷交，風雨飄搖中的台灣，多少人選擇放棄台灣遠走他鄉，但是身體的安全與舒適，卻永遠彌補不了那種異鄉飄泊的心靈疏離感。

　　1932 年從日本留學回國在佳里醫院工作的吳新榮，對故鄉血濃於水的情感。他的〈煙筒〉，描寫出當農村家鄉遭受資本家大舉入侵時，農民那種深刻的無奈心情：

　　　　綠色兮甘蔗園一片兮平洋
　　　　五月兮風微微仔吹
　　　　甘蔗葉佇風裡搖搖擺擺
　　　　綠色兮波浪一波一波傳來
　　　　一棟白色豪華兮樓厝
　　　　佇遙遠兮迄爿浮現
　　　　烏烏兮煙筒徛佇遐
　　　　強強卜拄著天公頂
　　　　青兮白兮烏兮綠兮
　　　　勻勻仔吹來兮風
　　　　振動兮甘蔗葉
　　　　奚迄款和平兮景緻
　　　　任何畫家攏畫勿會 出來

　　　　唔拘冬天一下夠
　　　　唯即棟白色大樓
　　　　資本家哈哈大笑
　　　　即枝烏色兮煙筒
　　　　吐出吐出勞動者大喟
　　　　啊！kheh 出來甘甜兮甘蔗汁
　　　　流出來腥氣兮濃血

塗炭煙佮風飛砂罩佇
陰沈灰色分平洋
佮鬱悶分天公頂
最後污染儂分心胸
啊！任何分畫家
畫勿會出即款分光景
……
儂儂手裡兩張白紙
「收據」佮「借條」分錢額
互儂不平又佫無奈
……
我分手指著白色分厝頂
講白色分樓仔是枉死城
烏色分煙筒是互儂怨嘆分目標

（《菅芒花詩刊　菅芒花開》：20～21）

〈煙筒〉一開始描繪翠綠甘蔗園，隨風搖曳的天然美景，是任憑最高明的畫家也畫不出的景緻，不過這片大地美景，在資本家的工廠進駐後，一切全變了調，高聳的煙囪突兀的景象轟立在甘蔗園中，空氣中飄盪的不再是清甜的蔗香，而是五色斑駁的煙炭，像是農民鬱悶已久後的長嘆。失去土地的農民換回了兩張白紙，一張是收據，一張是借據，兩相抵一毛不差，代表的是一無所有的下場。

正當農村遭受資本家大舉入侵時，都市的紙醉金迷才正要開始。王宗傑的〈半暝〉正與吳新榮的〈煙筒〉有著強烈的對比，一邊農民無奈的嘆息，一邊卻是歌舞昇平，似乎每個人都很快樂，也很滿足：

大路頂濟濟 KTV
恰若咧火燒（臺語：熱滾滾）

半暝時陣
我按庄腳轉來
經過鴨頭雞腱滷味店

AUTOBIKE（機車）

停佇大路邊　滿滿滿

老闆啊

來一杯 BEER

順紲切一盤豬心豬肝

……

掛金掛銀掛鑽石兮 KTV

門口兮花箍

排甲幾十公尺路

市長議長立委國代議員

徛佇「臺灣文化古都」

徛佇東區東光國小身軀邊

邊舉著花花花　利利利兮刀劍

向著無話無句兮天公伯也

一直咧耀武揚威

……

少爺　公主

向路燈

向月娘

向所有遙遠兮天星

講：歡迎光臨

（《菅芒花詩刊　菅芒花開》：75～76）

都會的夜晚似乎才是一天的開始，詩人主角半夜從鄉下回到城裡，到處都充滿著「活力」，吃喝的滷味店有滿滿的機車，玩樂的 KTV 金壁輝煌，花圈排滿幾十公尺，而這樣的景象在市長、議員等象徵公權力的支持下，更顯得理所當然。只是這樣的場景卻發生在以文化著稱的古都，教育場所的國小旁邊，只能讓人無言以對，連天公伯亦不知如何是好。

五、故鄉思情

「生於斯，長於斯」，對故鄉依戀是人之常情，然而這種再平凡不過的情景，在變動時代下，卻往往成為令人椎心的渴望，在台灣過往的歷史中，或

由於政治因素，許多被放逐海外的異議人士，有家歸不得，一別故鄉數十年；
或由於生計使然，不得不離鄉背井，出外打拼，背負著衣錦還鄉的壓力，這
種對故鄉的思念，也正是過去台灣社會中令人刻苦銘心的共同記憶。

　　阿仁的〈故鄉——烏名單的歸客之一〉，深刻描寫出異議分子當時有家歸
不得的思鄉心情：

　　　　在故鄉二十幾年
　　　　唔捌故鄉的雲
　　　　在故鄉大漢的儂
　　　　看無故鄉的山及水
　　　　故鄉是
　　　　出外人的故鄉
　　　　出外人的夢中
　　　　看著故鄉的雲
　　　　飄來飄去
　　　　也塊找 in 的故鄉

　　　　流浪十外年
　　　　故鄉愈遠愈熟似
　　　　故鄉的山及水
　　　　在返鄉的路頭
　　　　遐呢生疏
　　　　即陣才看著 in 的美麗
　　　　雖然互人損斷
　　　　許呢嚴重
　　　　猶原生出
　　　　上界美的雲

（《蕃薯詩刊・1・鹹酸甜的世界》：175～176）

有家歸不得是人生眾多悲劇之一，曾幾何時，這種錐心之痛成了台灣異議分
子的共同寫照，「在故鄉大漢的儂，看無故鄉的山及水」，但是離鄉十餘載，
故鄉的形象在腦海裡，卻愈來愈清楚，但事實這種熟悉感僅僅只是海外遊子
的想像罷了，真正踏上歸鄉之路，才感覺到故鄉已遭到外人的破壞而感到生

疏，但是美麗的山水依舊，仍有美麗的雲朵長相陪伴，在此作者藉由飄動的雲，隱喻黑名單上歸鄉不得的遊子，希望能像空中自由來去的雲，常伴故鄉的山與水。

除了異議人士流亡海外所引發的思鄉之情外，爲了生活出外打拼而離鄉背井的遊子的思鄉情懷，也是詩人關懷的焦點之一。周鴻銘的〈我的鄉里〉所描寫的便是這樣的情形：

月圓
山美
水甜
塗有香味
奚是我的鄉里
我的鄉里
有親情厝邊
透早就鋤頭畚箕落田去
我若來想起
心官就會結做堆

我的鄉里
有好食的荔枝
有好食的紅柿
有好食的蕃藷
我若來想起
喙瀾就會直直滴
我的鄉里

離開實在不得已
唔是我願意
我只有等待成功彼一日
歡歡喜喜倒轉去

（《蕃薯詩刊·2·若夠故鄉的春天》：227～228）

詩中的鄉里，是一片好山好水的田園，農人一早出門耕作，物產也頗爲豐

富，那「我」主角，為什麼還要外出打拼，不留在鄉里耕作，而任憑思鄉情苦呢？這個問題正點出在台灣經濟發展的過程中，政府採取的是重工輕農的政策，將資源從農業部門抽走，以挹注剛起飛的工業部門。這種政策走向，迫使大量的農村青年不得不移往城市進入工廠成為資本主義市場中眾多懷抱功成名就夢想的無名工人之一。

而在這離鄉背井的艱苦人生中，眼見外地的四季風景，竟也成了思念的四種苦楚，構成全年的鄉愁。黃勁連的〈漂泊兮心情〉巧妙地運用四季不同的景色，襯托出離鄉遊子全年無止境的懷鄉之情：

> 春天時，燕仔
> 飛來飛去，風微微
> 吹伊白色兮衫裾
> 黃昏時異鄉樓台
> 伊歡民謠「思想枝」
> 思想起，思想
> 故鄉兮伊，頭敧敧
> 無閒咧洗衫
> 佇籃仔花跤兮井邊
> 伊有鼻著花兮芳味
>
> 夏天時、日頭
> 紅記記，照伊
> 兮肩胛、頭額、鬢邊
> 一頂草笠曳勿會離
> 流浪漢兮襪仔無儂敢鼻
> 行來行去　行來行去
> 打馬膠黏著跤
> 流浪兮滋味
>
> 鹹酸苦亦無甜
> 流浪兮跤步
> 毋知要行向

　　海角亦是天邊

　　秋天兮雨綿綿
　　客棧兮燈光青青
　　伊兮熏一枝佫一枝
　　伊想起故鄉兮阿娘
　　是唔是時常牽著
　　伊心疼兮金孫
　　庄頭庄尾趖來趖去
　　等待伊轉去
　　帶足濟好食物

　　上蓋好是圍爐
　　冬天生冷兮天氣
　　漂泊兮靈魂
　　孤單在街路邊
　　食一碗外省仔麵
　　目屎偷偷滴落碗墘
　　台北市兮燈光閃晰
　　伊兮喉拭拭咧
　　舉頭看天星
　　青紅燈下兮伊
　　唔知卜行對佗位去

（《菅芒花詩刊　阿福兮風吹》：38～40）

在台灣由農業社會轉型進入工業社會的那個年頭，農村人口大量移往都市，無數初出校園的年輕學子，懷抱著理想與家人的期望，到繁華的台北城打拼，異鄉景色各異，然而思鄉的情景卻也日益沉重。春天的燕子帶來家鄉的花香味，燕子能來來去去，思鄉的人卻只能遙想家鄉井邊伊人的花香味，四季景色各有各的鄉愁，特別是冷冽寒風需要的家人溫暖撫慰的季節裡，街邊人家的烟盒爐火，引出陌生角落異鄉遊子汩汩的淚水。

　　台南沿海之鹽份地帶，長年受著海風吹襲，大地也經年覆蓋著層層的海鹽，作物難以生存，是台灣最貧瘠的土地之一，因此除了出海捕魚外，晒鹽成了當地民眾賴以維生的重要生計，一眼望去遍地白茫茫的鹽田，耀眼迷人的景色下，卻也掩不住漁村生活困境與靠天生活的苦楚，出身台南將軍的周定邦以〈青鯤鯓兮鹽埕──互故鄉〉一詩，娓娓道來對故鄉的思念：

　　　　青鯤鯓兮鹽埕
　　　　日頭赤焱焱
　　　　一崙一崙兮鹽山
　　　　有阿母佮阿爸
　　　　曝鹽兮形影
　　　　有阮細漢七迌兮笑聲

　　　　青鯤鯓兮鹽埕
　　　　日頭赤焱焱
　　　　一片一片兮紅樹林
　　　　恬恬　　徛佇
　　　　路邊　　徛佇
　　　　田岸
　　　　恬恬咧聽風聲

　　　　青鯤鯓兮鹽埕
　　　　日頭赤焱焱
　　　　一隻一隻兮白鴒鷥
　　　　飛過田岸　飛過紅樹林
　　　　in 佇遮傳宗接代
　　　　佇遮生湠

　　　　青鯤鯓兮鹽埕
　　　　日頭赤焱焱
　　　　一隻一隻兮漁船
　　　　搖搖擺擺入港

來靠岸
討海兮阿兄
爲著生活
共大海咧撨拼
討海人兮心聲
啥人會知影

青鯤鰺兮鹽埕
日頭赤焱焱
阮佇遮毛某
佇遮生囝
生活雖然艱苦無底看
阮嘛
向望天公伯也共阮疼
向望天公伯也
賜阮逐冬魚蝦滿大廳

（《菅芒花台語文學創刊號》：18～19）

詩作中每段的起始兩句都是「青鯤鰺兮鹽埕日頭赤焱焱」，倒不是鹽分地帶終年烈陽高掛，而是太陽是晒鹽的必要條件，這也反應出漁民心底的期盼。在烈日下鹽一粒粒自海水中顯現出來，漁民的汗水也不停的流下來，但是不管是如何的艱苦，故鄉永遠是每個人安身立命，娶妻生子之處，也將是子孫生長之地。

對故鄉的眷念，除了來自特有生長環境的記憶外，對人物行止、故土景色的懷念，也是主要的來源之一。林芳仕的〈風吹〉，藉由高高飛起的風箏，亦表達對故鄉的思念：

風吹風吹天頂飛
即爿趒　迄爿揣
毋知敢有看著阮隔壁庄的表小妹
毋知敢有聽著阮大舅公迄支鼓吹

風吹風吹天頂飛

即片韶　迄片揣
毋知敢有看著阮茨頭前的圓仔花
毋知敢有聽著阮烏秋仔兄唎喝雜細

風吹呀風吹
汝卜哪位飛
毋通佮阮覕相揣

有一日　阮袂攔青春美麗
汝敢會佮阮做伙
一生攔一世

風吹風吹天頂飛
請汝好心鬥相揣
阮夢中的阿公店仔溪
阮故鄉永遠的美麗

（《菅芒花台語文學第 4 期》：40）

隔壁庄的小表妹、大舅公的鼓吹、烏秋兄的沿街叫賣，這些看似平淡無奇的人事物，都構成作者濃烈的思鄉情懷。詩中作者將「風吹」隱喻成對故鄉的思念，期盼在年華老去時，對故鄉的思念，不會隨之而逝，而是一生一世長相陪伴，「風吹呀風吹，汝卜哪位飛，毋通佮阮覕相揣，有一日，阮袂攔青春美麗，汝敢會佮阮做伙，一生攔一世」。

六、親人憶念

除了對台灣土地、社會以及台灣未來命運等大我層面關注外，詩作中亦不乏從個人情感層面出發，抒發個人對生命過程中重要他人的想念與感懷。向陽〈阿母〉描寫的是典型的台灣阿母形象，一生為家庭奉獻，為夫為子吃盡苦楚，不僅物質極盡匱乏，在子女負笈遠遊、出外打拼時，又必須忍受無盡的思念：

又閣是月娘出來的時
月光照落門窗

門窗映出儂影
店在外地，五月的風
一陣一陣傳來
媽媽汝上捷問我的兩句話
汝的身體有勇健嘸
萬象代誌有順序嘸

三四十年來
媽媽，親像月娘的光
汝用汝的青春顧厝顧家
汝用汝的愛情照窗照門
青春顧駕變成白毛
愛情照駕化作皺紋
店在故鄉的時陣，媽媽汝的恩汝的光
不時通過山通過河
通過月娘照著我的身
……
店在外口的日子，媽媽
汝的形汝的影
猶原透過天透過地
透過月娘抱著我的心

又閣是月娘出來的時
月光照落樹影
樹影印入水潭
店在故鄉，五月的天
敢真正是無雲萬里
媽媽，我亦想卜照汝的話問汝
汝的身體有勇健嘸
萬象代誌有順序嘸

（《蕃薯詩刊・1・鹹酸甜的世界》：194～195）

出外的遊子，思念家鄉的母親，想像著月光像是母親的恩情，時時照拂著；想像著五月的風，帶來母親的熟悉的叮嚀。母親用她的青春、用她的溫情，照顧家門，用她的意志，渡過每一個艱苦的難關，就在歲月老去之時，出外的遊子，未能善盡孝道，以盡反哺之義，只能用母親對自己的叮嚀，也期望媽媽身體健康、萬事如意了。

　　同樣是對家人的感念，周東和的〈想起迄當時〉所描寫的成長過程，眞實的反映了當時台灣社會生活的情景，爲了滿足一位渴望讀書升學的孩子，父母必須付出整個家庭資源，而使得生活更陷於困境之中：

　　　　想起迄當時
　　　　我細漢分日子
　　　　阿爸阿娘每日做工去
　　　　阿兄阿姐撿蕃薯
　　　　我牽著水牛港
　　　　食草田岸邊
　　　　……
　　　　想起迄當時
　　　　我卜讀初中分日子
　　　　阿兄阿姐誠反對
　　　　厝內無錢唔知死
　　　　阿爸阿娘偷賣著三隻豬
　　　　叫我註冊去
　　　　下晡轉來互 in 罵甲死
　　　　我吼，我吼，我誠對不起

　　　　想起迄當時
　　　　高工畢業唔敢卜佫讀落去
　　　　提早做兵互國家飼
　　　　做著周家分好男兒
　　　　……
　　　　想起迄當時

　　　　我分目屎道流袂離

　　　　我分心肝道疼規爿

　　　　阿爸阿娘恁分疼愛

　　　　我永遠會記得

　　　　阿兄阿姐分恩情

　　　　我一世儂永遠

　　　　永遠　還袂清

（《蕃薯詩刊・5・台灣製》：158〜159）

教育是社會結構的平衡器，在一個保守封閉的社會型態中，受教育是向上流動的唯一機會。無奈的是困苦的家庭，連為其子女保有這樣的機會亦不可得，或是必須犧牲其他成員，以成就某一具潛能的子女。詩作中的主角，即是這樣的情形，為了能繼續求學讀書，父母賣掉了家中重要經濟來源的三條豬隻，以籌措學費，但父母這樣的舉動，卻也引發兄姐對詩作主角的不滿。但即使如此，這位上進的學子，仍舊不得不放棄學業，提早入伍以減輕家中負擔，家中成員的恩情與體諒，也讓詩作主角感懷不已，這是個人的故事，其實也是整個台灣社會大時代的故事。

　　對於生命中重要他人的懷念，是人類情感的自然流露，黃勁連的〈鞋破底原在〉，用了極為隱晦的方式突顯了對他父親的懷念與感謝：

　　　　鞋破時

　　　　鞋底原在

　　　　無需要悲痛

　　　　衫破

　　　　伊分領原在

　　　　葉仔落

　　　　樹枝原在

　　　　樹枝折去

　　　　伊分樹身原在

　　　　樹仔被剉

　　　　伊分樹頭原在

阮老父雖然過身
但是伊流落來兮
丈二，牌原在
伊兮勇者形像
伊兮英雄氣概
永遠活佇阮兮心內
鼓勵阮兮跤步
一步　一步向前
向前行
行向佮俗好兮將來

（《菅芒花詩刊　心悶》：14～15）

世間萬物莫不有生淨寂滅的過程，即使是無生命的物品亦如此。然而凡存在著的人事物，究竟會留下些足以顯現其曾經存在的痕跡供人憑記，在這首〈鞋破底原在〉詩中，黃勁連首先運用了生活中極為常見的鞋子、襪衫、樹頭，帶出對父親的思念，即使只是留下一塊丈二大的神主牌，仍然能化身為父親孤身來台奮勇立身的形象，以及對作者的恩情。

　　相對於黃勁連運用隱喻的方式來懷念父親，周定邦的〈阿爸兮恩情〉則是運用近似白描的方式，記述了父親歹命的一生：

阿爸阿爸汝誠歹命
少年兮時
佮阿公鹽耙仔佇鹽田拖
南洋戰爭
互日本儂調去佮中國儂拍
帶著身命一直拖
嗽甲連頭著勿會舉
一家大細靠汝佮阿母咧拖磨
想卜互汝來好命
汝煞走迹早
淋巴腺癌致汝命
互囝想著搥心肝
阿爸阿爸汝誠偉大

共阮生
共阮養
佫共阮成
恩情親像山赫大
後世儂
做牛做馬我來拖
一定卜互汝好命

（《菅芒花詩刊　阿福分風吹》：98～99）

幾百年來的台灣，經歷過大大小小的戰事，以及外來政權的極權統治，這些歷史事件，反映在人的一生將是令人難以承受之重。詩中主角生在日治時代，不僅生活困苦，更被日本送去南洋參戰，受盡各種折磨後，仍能將作者一家養育成人，更顯其偉大之處。

　　而相對於周定邦的平舖直敘，同樣是表達對父母的思念，藍淑貞的〈思念阿母〉，則顯得委婉許多，從描寫大自然的意象，象徵對也回歸大自然母親的思念：

風　對遠遠的東爿吹來
吹過山頭
吹過樹尾
吹到阿母咧睏的即塊土地
敢有帶來阿母卜交代的話

雨　對懸懸的天頂跋落來
落佇草埔
落佇大海
落佇阿母咧睏的即個所在
敢是阿母咧想阮的目屎

思念親像墓邊的青草
愈生愈濟
愈發愈長
長到天邊

長到海口

拜託溫柔的東風
共我的思念
講予阿母知
拜託綿綿的雨水
共我的思念
流去阿母滯的所在

（《菅芒花詩刊革新號第一期》：26）

這首〈思念阿母〉是作者的第一首台語詩，整首詩中充滿對母親的思念，山頭的風，雲端的雨，都可能是母親的化身，表達對親人的不捨，而作者對母親的思念不但未隨著時間而消逝，反而更生綿長就像是墓旁的草日漸增長。

除了描寫對父母的思念外，方耀乾在〈南方的鳳凰花，向前行——予涵〉一詩中，亦不乏表達身為父母對子女成長歷程的感懷，就像傳唱多年的台語搖籃曲〈搖嬰仔歌〉，那種望子成龍、望女成鳳的期盼：

抱著祝福的心情
欲共汝的希望加分
雖然武林高手齊到待予在
心頭定
有信心就會贏

台北激一個
冷冷的面腔
宛然武林高手
冷冷的心胸
台大陽明論劍
毋免必死的決心
愛有奮戰的精神
汝是南方熱情的鳳凰花
輸贏攏愛堅強面對

牽著汝的手
佇台北街頭
親像過去十七冬
我燒滾滾的手卜共汝的信心
燃予燒
我勇健的手卜共汝的意志
控予勇
卜共汝帶入去戰場
干礁火鍊才會變成金
干礁焠鍊才會變成鋼

南方的鳳凰花
自汝去
向前行
爸爸永遠支持汝

（《菅芒花詩刊革新號第一期》：148～149）

繁華的台北是多少年輕學子逐夢的地方，當然更是令人夢碎的傷心地，這是競爭社會的常態。因此，把子女送往台北這樣龍蛇雜處的地方，為人父母的忐忑之情是可以想見的，方耀乾這首〈南方的鳳凰花〉，描寫一位父親送女兒到台北參加聯考的心情，宛如送子女上戰場般的不捨，但是一句「汝是南方熱情的鳳凰花」，表達為人父對子女無限的信心與肯定，相信的確能給予女兒無比的勇氣，去面對未來人生的任何挑戰。

鳳凰花是台南府城的市花，象徵熱情與勇敢，這也是每位為人父母者對子女的期盼。許献平就曾指出方耀乾喜歡書寫台灣植物的特徵，「並透過這些植物來反思族群問題、人文經驗合親情。其中有堅挺的『斑芝花』、熱情的『鳳凰花』、發燒的『羊蹄甲』、飄搖的『菅芒花』、硬硬的『台灣百合』、通紅的『刺桐花』及通俗的『檳榔樹』。」〔註35〕藉由這些台灣本地植物所傳達的意象，象徵台灣人在各種艱苦環境下，所表現出卓絕的精神。

〔註35〕許献平著，〈佇南瀛星空犁詩的方耀乾〉，《菅芒花詩刊革新號第五期——菅芒花詩人群專號》，台南：菅芒花台語文學會。2006 年 5 月 31 日。頁 172。

第五章 結 論

　　針對「蕃薯詩社」與「菅芒花台語文學會」所進行的研究，作者以下獲得的發現與結論，逐一說明。

一、在成立屬性方面：台語文學社群普遍強調台灣意識

　　緣於特殊歷史政治情境，台語文學的遭遇就如如台灣主權的處境一般，在過去的年代中，不斷的遭受諸多外來政權的打壓，因此台灣文學的發揚相當程度上，是一種對台灣主權意識覺醒的具體表徵與行動之一。「蕃薯詩社」和「菅芒花台語文學會」在成立宗旨上，亦十分強調語言、土地與台灣意識的連結，期望藉由台語文學的提倡與推廣，以建立具有台灣民族精神的台灣文學作品。

　　特別這二個社團均成立於台灣社會政治、社會變動最為劇烈的 1990 年代，在緊接著 1987 年的解嚴之後，政治社會的禁錮力量大幅消退之際，台灣內部各種文化動力開始宣洩而出，葉石濤即曾提出他對解嚴對台語文學運動的影響觀察：

　　　　戰後達三十九年之久的戒嚴及威權式統治只容許一種聲音，一種霸道的文化型態存在，使得臺灣文學必須藉助『鄉土文學』的名稱苟延殘喘。八〇年代中期的解嚴使得臺灣文學走上更自由、寬容和多元的路上去。〔註1〕

台灣文學即在這種強調多元化氛圍中開始具有能見度，而「蕃薯詩社」，以及「菅芒花台語文學會」，正是在這種脈絡之下形成的。

〔註 1〕葉石濤著，《展望臺灣文學》，台北：九歌。1994 年 8 月 10 日初版，頁 16。

二、在創社宗旨方面：從文學寫實到民族自覺

從「蕃薯詩社」創社宗旨裡所提及的，期望藉由「創造有台灣民族精神特色的新台灣文學作品」，以達到描繪「被壓迫者的艱苦大眾的生活心聲」的目的，這是台語文學的寫實功能，也是所有文學最初的出發點，能夠讓一時一地發生的事件，超越時空地域的限制，而為給予後人從中汲取經驗與啟示，並且這樣的作用，也正是整體台灣民主運動中的重要的一環，因為唯有讓台灣人民了解生活的困境並非來自身的不足，而改善這一生活困境，也非獨自一人終日勞苦奔波所能改善的，如此一來關於喚醒受壓迫的意識才有可能。因此戰後的台灣詩人，多數對時代具有強烈的關懷，將所見所聞轉化為詩句的傾向。

順著「蕃薯詩社」寫實的風格，「菅芒花台語文學會」則有著「聯絡疼惜台灣本土語言、文學佮關心台灣本土文化兮友志，共同拍拼、奮鬥」的創社宗旨，及「未來兮台灣文學是用台灣語文書寫兮文學」的創社主張，亦即就「菅芒花台語文學會」而言，台語文學的功用必須走得更遠，不僅要被動的反應生活的現實，更要以台語文學來創造人民對土地的認知與想像，這樣主張也具體反映在《菅芒花詩刊》及《菅芒花台語文學》的發表文章中。

特別是台灣在歷經多次政治社會結構激烈變遷的影響下，庶民生活的小天地亦無可避免的受到無情的波及，這一現象使得台語文學場域存在著無數的創作題材，又兼之台語文學作品具有喚起台灣意識的濃烈使命，因此反映在「蕃薯詩社」和「菅芒花台語文學會」所出版的作品的特徵，是具有強烈的寫實風格。本研究蒐集《蕃薯詩刊》、《菅芒花詩刊》、《菅芒花台語文學》所刊載的作品，並將之歸納為六大主題，分別是台灣意識、土地眷顧、政治批判、社會關懷、故鄉思情以及親人憶念等，可說是充分反映了台灣人民現實的社會生活面。

至於「菅芒花台語文學會」則在「用台語文學喚起民族意識」及「台語文學」就是「台灣文學」等主張，有更深入的論述，亦即希望從文學現實開始，讓台灣人民了解台灣這塊土地，所發生的一切事物，對其產生感情，凝聚成一股屬於台灣的民族意識，對於從台語文學的提倡到台灣民族意識的覺醒之間的連結性，胡民祥說得透徹，他認為「民族語言的建設嘛是民族獨立的一個嚴肅的課題」〔註 2〕。因此，他認為一旦台語文學成為台灣文學的主流

〔註 2〕胡民祥著，〈台語文字化的第一步〉，《蕃薯詩刊‧1‧鹹酸甜的世界》，台南：台笠。1991 年 8 月 15 日。頁 11。

之日，就是台灣民族的完成之日。亦即若是台灣人有決心要建立一個用台灣文化做母體的國家，要透過母語的復振，才有辦法促進台灣人的台灣意識，並建構台灣的主體性，台灣文學用台語來寫作的方向。

從上述這些「蕃薯詩社」及「菅芒花台語文學會」，眾多台語文學家所傳達的意念顯示，對台語文學而言，在詩句中對台灣人民困境的寫實記述，是倡述民族自覺，建立台灣民族運動的前提。

三、在文學主張方面：從爭取文化的主體性到文化概念的多元化

緣於成立成代上的前後順序，《蕃薯詩刊》扮演的是台語文學發展的火車頭，其主要發展上的參照團體是壓迫台語文學發展的大環境，因此《蕃薯詩刊》的文學主張，重點在於從整體文學論述中，發展出屬於台語文學的獨特性及其必要性，是屬於與外部的切割，而之後成立的「菅芒花台語文學會」，雖然所處的大環境仍變動不大，但是因為已有《蕃薯詩刊》等之類的前趨刊物的努力，已多多少少建立起台語文學對外區別的論述系統，因而更多的心思是著重在台語文學本身內部的概念辨明。

如前面段落已敘及的，做為以推展台語文學為職志的《蕃薯詩刊》，在當時以大中國文化為主流的文學創作環境中，除了創作優美的台語文學外，更重要的任務，是如何在對台語不友善的大環境中，建立起台語文學與華語文學的區別系統，進而確立其重要性。

因此建立起台語文化的主體性，便成了《蕃薯詩刊》最重要的文學主張之一，為了能合理而有效的論述這樣的主張，《蕃薯詩刊》從發掘台語之美、提倡母語的重要性著手，逐步建立起與華語同等重要與效用的語言地位。

而在《蕃薯詩刊》之後發行的《菅芒花詩刊》及《菅芒花台語文學》，在眾多前趨刊物對建立台語文學論述的努力下，除了承繼原有台語文學論述的強化外，更有餘裕從內部釐清台語文學的意義、範圍及書寫系統的發展策略，因此主張要建立多語言的文學創作境，這種多語言的內容，不僅在於華語／台語的多元化，更在於福佬話／客家話／原住民語之間的多元共融。

就在「蕃薯詩社」和「菅芒花台語文學會」的共同主張之下，逐步將口語的「台語」提升至文字的「台語文學」，進而將原本臣服於大中國文學的鄉土文學，抬升至強調自我主體的的「台語文學」的主張，這樣的文學主張，對建立更為上位概念的台灣意識頗有助益。

四、在文學作品的書寫方面：文類極爲多元豐富

由於社會生活涉及各個層面，而不同文類在捕捉人生百態上，亦往往有其不同的適用性，因此在實踐反映台灣社會寫實的目標下，善用各種所可能運用的文類，將是達成揭露人民眞實生活可行與有效的方法。

這種多文類運用的現象，也在「蕃薯詩社」和「菅芒花台語文學會」所發行的刊物中加以運用，在本研究據以分析的文本中，包括《蕃薯詩刊》、《菅芒花詩刊》及《菅芒花台語文學》等其中《蕃薯詩刊》和《菅芒花詩刊》雖然以「詩刊」爲名，但是事實上所刊輯的文類卻不僅限於「詩」類，而是包含其他各種可能的文類，根據本研究的歸納，《蕃薯詩刊》所曾出現的文類包括理論、譯詩、詩、散文、小說、信簡及訪問等；《菅芒花詩刊》的文類則包括文學評論、語言論壇、文字論壇、專訪、專論、詩序、詩論、台灣文學雜誌專輯、詩、散文、小說、囡仔歌詩及散文等；《菅芒花台語文學》所曾刊行的文亦十分多元，共出現語言論壇、專論、評論空間、文章導讀、台灣文學學期報告、台文天地、人物專訪、台語專欄、演講稿、民間文學採集、褒歌欣賞和導讀、七字仔、歌謠創作、台灣笑詼、答喙鼓首、詩、散文及小說等。從這三個刊物所曾刊行的文類可以顯示，台語文學是一個極爲多元的文學集體。

五、在文學活動的推廣方面：多元、增加與社會對話的空間

爲達文學喚醒台灣意識的目的，台語文學不能局限在文學域場中，成爲騷人墨客孤芳自賞、附會風雅的活動，而是必須走入群眾，基於此種目的的達成，「蕃薯詩社」和「菅芒花台語文學會」，舉辦了許多台語文學的推廣活動。

（一）在推廣動力方面：從民間自主到官方鼓勵

「蕃薯詩社」和「菅芒花台語文學會」都是成立在解嚴之後，因此少了官方禁錮的力量，民間力量開始復甦，也造就了這兩個台語文社團的成立，但是隨著本土政權的日益穩固，官方力量是朝著從禁制、放鬆到鼓勵的方向來發展，因此從成立年代的先後也可以看出這二個社團受到官方不同的對待，基本上而言，成立於 1991 年的「蕃薯詩社」，雖然已少了官方力量拑制，但是官方的協助力量仍未能到位，因此在推廣台語文學運動方面，主要力量

仍來自民間；而成立於 1998 年「菅芒花台語文學會」的則受惠於本土政權
對本土意識的支持，而讓台語文學組織，有機會以承辦官方活動的方式，進
而推廣台語文學。

（二）推廣方式方面：採取一般民眾能接受的方式

因爲有著上述推廣動力上的不同，「蕃薯詩社」和「菅芒花台語文學會」，
在推廣方式上也呈現出若干的差異，主要的差異是後者更能有效結合官方／
半官方資源，進行推廣活動，因而具有較高的能見度，並且形式也更爲多元
與活潑。

首先在「蕃薯詩社」方面，除了《蕃薯詩刊》這一靜態的刊物發行外，
1994 年莊柏林和林宗源、黃勁連等人，創辦了第一屆的南鯤鯓台語文學營
〔註3〕，並舉行台語文學公演，林芷琪提到，公演活動是採取民間的街頭性
質，由黃勁連負責台南，和廟會合作在大廟埕前演唱台灣傳統歌謠，表演台
語詩的吟唱和戲劇演出等；北部由林央敏規劃，結合台大的「台灣週」活
動，在學校的大門口公開表演，並請來出獄的施明德演講，引起很大的反應，
「培養社會上 tui 台語文 ê 興趣 kap 認識，鼓勵少年學生來做夥參與出力。」
〔註4〕對當時沒有接觸過母語教育的大人和大專學生來說，「tsit 種體制外 ê
研習，提供一個母語文化 kah 文學 ê 學習管道，也借 tse 來傳承母語文化 ê
香火。」〔註5〕，產生很大的影響。陳明仁也認爲，「辦講演會、詩歌發表
會〔註6〕，mā kā 詩 ap 音樂結合，寫歌；歌是人民 ê 生活文學。」〔註7〕。

至於「菅芒花台語文學會」所採取的是則是更爲多元化的推廣方式，除
了作品流通的擴展外，更藉由舉辦各式各樣官方、半官方的活動，贊助單位
包括市教育局、文化中心、圖書館、台南市文化基金會、社教館，民眾服務
社、社區大學、扶輪社、學校機關等，活動項目有「歌謠之宴」、「褒歌之夜」、
「現代詩朗誦」、「台語班」、「師資培訓班」、「兒童夏令營」、「文學體驗營」、

〔註3〕1994 年創辦的南鯤鯓台語文學營，經 1996 年、1997 年、1999 年、2001 年、
　　　2002 年、2003 年、2004 年、2005 年及 2006 年，共舉辦 10 次。

〔註4〕林芷琪著，〈枝葉代代淡、唔驚落塗爛——談蕃薯詩社 kap 詩刊〉，《菅芒花詩
　　　刊革新號第四期》，台南：菅芒花台語文學會。2005 年。頁 72～73。

〔註5〕方耀乾著，《Ùi 邊緣 kàu 多元中心：台語文學 ê 主體建構》，台南：成功大學
　　　台灣文學系博士論文。2008 年 6 月。頁 85。

〔註6〕1993 年 5 月 23 日，在成立 2 週年時，在台南神學院舉辦台灣現代詩演唱會。

〔註7〕陳明仁著，〈按蕃薯詩刊、台文通訊到台語文學有聲叢刊〉，《蕃薯詩刊・6・
　　　油桐花若開》，台南：台笠。1994 年 8 月 1 日。頁 33。

「台語開講」等，來擴大與社會的接觸面，在台語文學運動的推廣上，有著時代性的影響。

（三）在評論文本與介紹詩人方面：作品內容的情感解讀

推廣台語文學最直接的方式是創作出能觸動人心的作品，有了好的作品之後如何解讀作家及其作品，將蘊涵在文學作品內容隱晦的情感與論述，解析出來而讓讀者更容易感受得到亦是重要的方法。因此不論是《蕃薯詩刊》或是《菅芒花詩刊》，都包括著對作家作品的介紹，不同的是《蕃薯詩刊》採用的是以作品文本為主軸，從個別文本入手，介紹文本創作理念、解析入品技巧、主題內容以及作家的創作歷程等。

而《菅芒花詩刊》則是以介紹作家為主軸，從作家的成長歷程、人生閱歷、創作過程及作品轉折等方面切入，這兩種評論角度自是各有其優點，亦是有跡可尋的合理做法，原因在於，時代較晚的《菅芒花詩刊》，因作家創作已豐，累積較多的作品，已漸成一家之言，因此得以作家為主題，綜覽創作作品，並從中得以尋繹創作的軌跡。而《蕃薯詩刊》時期，作家的作品尚待累積，文風亦必須有更多作品加以呈現，因此以單一文本為主題進行介紹，亦是可行的方式。

六、在培養創作人才方面：台語文學作家的相互傳繼

人群特質的匯集能夠形成時代的特徵；不同時代形塑的社會空間，也會讓人群以不同的型態聚集，身處不同時代的「蕃薯詩社」和「菅芒花文學會」在文學社群的成分組成上也有所不同。

由於《蕃薯詩刊》是一個純文學的組織，因此在成立之初即匯集了當時已有名氣的文人雅士，例如黃勁連、林宗源、林央敏、李勤岸和陳明仁等，這些作家在成為台語文學家之前，有的早已是以華文寫作而聞名的文藝青年，後來才轉作台語文學。

至於《菅芒花詩刊》和《菅芒花台語文學》的作家，則多為新世代的作家，這些作家一開始是參與各種的文學會、讀書會，例如「鄉城台語讀書會」等，進而透過參加南瀛、府城文學獎的競賽，或是藉由地方文化機關，募集縣市作家作品的管道出書，才取得作家、詩人的名分而漸成氣候。這種情形在黃勁連漸漸淡出「菅芒花台語文學會」運作，接編《海翁台語文學》後更為明顯，文學會的成員已能獨當一面，各自出刊個人詩集。施俊州對此曾表示：

　　《菅芒花》詩刊自頭到尾 khah 有意義的變遷，值得咱提來討
論的有二項：一來是 chit 陣新世代同仁 ti 創作方面的成長，透過參
加南瀛、府城文學獎的競選，ma 透過地方文化機關募集縣市作家作
品的管道出冊，漸漸取得作家、詩人的名分；《菅芒花》成員在做頭
的黃勁連漸漸放手的過程，翅股漸漸焦、演變到後來甚至各自單飛，
留落下的是一部一部新世代成員個人的新詩別集。〔註8〕

　　但是，從這些文學社團與文學刊物的發展過程看來，新舊世代台語文學
作家之間的關係並非彼此孤立的發展或斷裂無關，而是一種前後提攜，相互
傳繼的關係，而共同跨過世紀台語文學之路。

　　除了人員組成有所不同外，《蕃薯詩刊》、《菅芒花詩刊》和《菅芒花台語
文學》在發行與發展歷程上亦有所不同。在《蕃薯詩刊》方面，由於這些創
社作家都已頗具名氣，創作力亦強，因而成為《蕃薯詩刊》的主力作家，在
些作家的帶領下，《蕃薯詩刊》很快的具有全國性的知名度，發揮聚攏台語文
學作家、提供創作的功能，對推廣台語文學有很大的貢獻。而《菅芒花詩刊》
一開始發刊的目的，是為了讓「鄉城台語文讀書會」的成員，有發表的園地，
一直到了革新號之後，再開始向全國徵稿，成為全國性刊物，此時《菅芒花
詩刊》的編輯方向開始轉向「新世代作家的跨區域文學實踐」〔註9〕，接續《蕃
薯詩刊》培養青年輩的台語詩人，而作為同仁刊物性質的角色則轉由《菅芒
花台語文學》擔任。

　　從這三者的發展歷程看來，《蕃薯詩刊》無疑扮演著領頭羊的角色，帶動
地方性的台語文學社團，才有之後的《菅芒花詩刊》和《菅芒花台語文學》，
這樣的發展局勢是三者發展序列上相應相襲之效，施俊州便指出「就台語文
學運動的全幅圖來看，《菅芒花》詩刊 kah《蕃薯》詩刊無共款的所在，簡單
講 toh 是前者具備全國性社團的規模，也因此 ui《菅芒花》詩刊接續後者在地
淡根的例。」〔註10〕而這些在《菅芒花詩刊》中嶄露頭角的新世代作家，更
是台語文學發展成長的關鍵。

〔註 8〕施俊州著，《寂寞，或是鬧熱的花園：《菅芒花》詩刊的文學實踐 Kah 內涵試
　　　論》，台南：成功大學台灣文學研究所碩士論文。2006 年。頁 2。
〔註 9〕施俊州著，《寂寞，或是鬧熱的花園：《菅芒花》詩刊的文學實踐 Kah 內涵試
　　　論》，臺南市：成功大學台灣文學研究所碩士論文。2006 年。頁 1。
〔註10〕施俊州著，《寂寞，或是鬧熱的花園：《菅芒花》詩刊的文學實踐 Kah 內涵試
　　　論》，臺南市：成功大學台灣文學研究所碩士論文。2006 年。頁 1。

參考書目

一、專　書

1. 中島利郎編，《1930 年代台灣鄉土文學論戰資料彙編》，高雄：春暉。2003年 3 月初版第一刷。
2. 方耀乾著，《台語文學的起源與發展》，台南：方耀乾。2005 年 9 月初版。
3. 方耀乾編，《菅芒花詩刊革新號第一期》，台南：菅芒花台語文學會。2000年 9 月 30 日。
4. 方耀乾編，《菅芒花詩刊革新號第二期——林宗源專號》，台南：菅芒花台語文學會。2002 年 12 月 31 日。
5. 方耀乾編，《菅芒花詩刊革新號第三期——林央敏專號》，台南：菅芒花台語文學會。2004 年 4 月 10 日。
6. 方耀乾編，《菅芒花詩刊革新號第四期——莊柏林專號》，台南：菅芒花台語文學會。2005 年 7 月。
7. 方耀乾編，《菅芒花詩刊革新號第五期——菅芒花詩人群專號》，台南：菅芒花台語文學會。2006 年 5 月 31 日。
8. 王振寰著，《誰統治台灣？轉型中的國家機器與權力結構》，台北：巨流。1996 年。
9. 呂興昌編，《台語文學運動論文集》，台北：前衛。1999 年 1 月初版第 1刷。
10. 李勤岸、謝安通等著，《蕃薯詩刊・7・台灣詩神》，台南：台笠。1996年 6 月 10 日。
11. 李筱峰著，《台灣史 100 件大事（下）》，台北市：玉山社。2007 年 12 月第 1 版 25 刷。
12. 李漢偉著，《台灣小說的三種悲情》，板橋：駱駝。1997 年 10 月初版。

13. 李漢偉著，《台灣新詩的三種關懷》，板橋：駱駝。1997 年 10 月初版。

14. 周玉蔻著，《李登輝的一千天》，台北：麥田。1993 年。

15. 周英雄、劉紀蕙編，《書寫台灣──文學史、後殖民與後現代》，台北：麥田。2000 年 4 月初版一刷。

16. 林宗源、林央敏等著，《蕃薯詩刊·1·鹹酸甜的世界》，台南：台笠。1991 年 8 月 15 日。

17. 林央敏、莊柏林等著，《蕃薯詩刊·2·若夠故鄉的春天》，台南：台笠。1992 年 4 月 15 日。

18. 林央敏著，《台語文化釘根書》，台北：前衛。1997 年 10 月初版第 1 刷。

19. 林央敏著，《台語文學運動史論》，台北：前衛。1997 年。

20. 林央敏著，《希望的世紀》，台北：前衛。2005 年 1 月初版第 1 刷。

21. 林央敏編，《台文戰線第 4 號》，台南：台文戰線雜誌社。2006 年 10 月。

22. 林央敏編，《台文戰線第 5 號》，台南：台文戰線雜誌社。2007 年 1 月。

23. 林央敏編，《台文戰線第 6 號》，台南：台文戰線雜誌社。2007 年 4 月。

24. 林瑞明著，《台灣文學的本土觀察》，臺北：允晨文化。1996 年。

25. 林瑞明著，《台灣文學的歷史考察》，臺北：允晨文化。2001 年 5 月初版 3 刷。

26. 林瑞榮著，《國民小學鄉土教育的理論與實踐》，台北：師大書苑。1997 年 4 月。

27. 施炳華著，《行入台語文學的花園》，台南：台南市立藝術中心。2000 年 11 月。

28. 施懿琳、中島利郎、下村作次郎、黃英哲、應鳳凰、黃武忠、彭瑞金著，《台灣文學百年顯影》，台北：玉山社。2003 年 10 月第 1 版 1 刷。

29. 施懿琳著，《跨語、漂泊、釘根──台灣新文學研究論集》，高雄：春暉。2000 年 6 月初版第一刷。

30. 洪惟仁著，《台語文學與台語文字》，台北：前衛。1995 年 5 月初版第 2 刷。

31. 胡民祥、莊柏林等著，《蕃薯詩刊·5·台灣製》，台南：台笠。1993 年 12 月 15 日。

32. 胡長松編，《台文戰線第 8 號》，台南：台文戰線雜誌社。2007 年 10 月。

33. 胡長松編，《台文戰線第 9 號》，台南：台文戰線雜誌社。2008 年 1 月。

34. 胡長松編，《台文戰線第 10 號》，台南：台文戰線雜誌社。2008 年 4 月。

35. 殷海光著，《中國文化的展望》上冊，台北：文星書店。1966 年。

36. 張春凰、江永進、沈冬青合著，《台語文學概論》，台北：前衛。2002 年

10 月。

37. 莊柏林、羅文傑等著,《蕃薯詩刊‧4‧郡王牽著我的手》,台南:台笠。1993 年 6 月 1 日。

38. 許極燉著,《台灣話流浪記》,高雄:第一出版社。1988 年 2 月 29 日初版。

39. 陳明仁、羅文傑等著,《蕃薯詩刊‧6‧油桐花若開》,台南:台笠。1994 年 8 月 1 日。

40. 陳明台著,《臺灣文學研究論集》,台北:文史哲。1997 年 4 月初版。

41. 陳金順編,《台文戰線第 11 號》,台南:台文戰線雜誌社。2008 年 7 月。

42. 陳金順編,《台文戰線第 12 號》,台南:台文戰線雜誌社。2008 年 10 月。

43. 陳昭瑛著,《台灣文學與本土化運動》,台北:正中書局。1998 年。

44. 陳泰然等著,《菅芒花詩刊 阿福兮風吹》,台南:台江。1998 年 7 月。

45. 陳慕眞著,《《台灣府城教會報》kap 台語白話字文獻中 ê 文明觀》,台北:前衛。2007 年 12 月初版。

46. 彭瑞金著,《台灣文學探索》,台北:前衛。2003 年 4 月初版第 2 刷。

47. 菅芒花台語文學會編,《菅芒花台語文學第二期》,台南:菅芒花台語文學會。1999 年 4 月 1 日。

48. 菅芒花台語文學會編,《菅芒花台語文學第三期》,台南:菅芒花台語文學會。2000 年 1 月 1 日。

49. 菅芒花台語文學會編,《菅芒花台語文學第四期》,台南:菅芒花台語文學會。2001 年 10 月 1 日。

50. 菅芒花台語文學會編,《菅芒花台語文學創刊號》,台南:菅芒花台語文學會。1999 年 1 月 1 日。

51. 黃勁連、莊柏林等著,《蕃薯詩刊‧3‧抱著咱的夢》,台南:台笠。1992 年 10 月 22 日。

52. 黃勁連等著,《菅芒花詩刊 心悶》,台南:台江。1997 年 12 月 30 日。

53. 楊允言、張學謙、呂美親主編,《台語文運動訪談暨史料彙編》,台北:國史館。2008 年 3 月初版一刷。

54. 葉石濤著,《一個台灣老朽作家的五○年代》,台北:前衛出版。1991 年 9 月初版第 1 刷。

55. 葉石濤著,《台灣文學入門》,高雄市:春暉出版社。1999 年 10 月初版第 2 刷。

56. 葉石濤著,《展望臺灣文學》,台北:九歌。1994 年 8 月 10 日初版。

57. 廖瑞銘主編,《愛‧疼‧惜:2008 台語文學展專輯》,台南:台灣文學館。2008 年 9 月第一版一刷。

58. 蔣為文著,《語言、文學 kap 台灣國家再想像》,台南:國立成功大學。 2007 年 6 月初版第 1 刷。

59. 蔣為文著,《語言、認同與去殖民》,台南:國立成功大學。2005 年 1 月 初版第 1 刷。

60. 蔡享哲等著,《菅芒花詩刊　菅芒花開》,台南:台江。1997 年 6 月 15 日。

61. 蔡金安主編,《台灣文學正名》,台南:台灣海翁台語文教育協會。2006 年 3 月初版。

62. 藍淑貞編,《菅芒花詩刊第十二期——台灣野百合》,台南:菅芒花台語 文學會。2008 年 6 月。

63. 藤井省三著;張季琳翻譯,《台灣文學這一百年》,台北:麥田。2004 年。

二、期刊論文

1. 方耀乾著,〈向望南風搭心肝〉,《菅芒花詩刊革新號第一期》,台南:菅 芒花台語文學會。2000 年 9 月 30 日。

2. 方耀乾訪,〈大寒凍 bē 死的日日春——林宗源專訪〉,《菅芒花詩刊革新 號第二期——林宗源專號》,台南:菅芒花台語文學會。2002 年 12 月 31 日。

3. 方耀乾採訪,〈將金針度人——莊柏林專訪過程記錄〉,《菅芒花詩刊革新 號第四期——莊柏林專號》,台南:菅芒花台語文學會。2005 年 7 月。

4. 方耀乾著,〈是意識型態抑是不學無術——台語文學 Ti「台灣文學史」缺 席的原因探討〉,《台灣文學正名》,台南:台灣海翁。2006 年。

5. 王寶星著,〈菅芒花——寫佇菅芒花詩刊分頭前〉,《菅芒花詩刊　菅芒花 開》,台南:台江。1997 年 6 月 15 日。

6. 王宗傑著,〈「一個心適分所在」並序〉,《菅芒花詩刊　心悶》,台南:台 江,1997 年 12 月 30 日。

7. 王宗傑著,〈傳播臺語文學種籽——「台灣歌詩之夜」今卜行向社區〉,《菅 芒花詩刊　心悶》,台南:台江。1997 年 12 月 30 日。

8. 向陽著,〈對土裡醒過來的聲音——試論戰後台語詩的崛起及前途〉,《蕃 薯詩刊‧1‧鹹酸甜的世界》,台南:台江。1991 年 8 月 15 日。

9. 江天著,〈林宗源的詩觀〉,《蕃薯詩刊‧4‧郡王牽著我的手》,台南:台 笠。1993 年 6 月 1 日。

10. 吳家瑩、郭守芬著,〈國民教育階段九年一貫課程綱要〉:訂定之源起與 過程〉(86.3～88.5),《台灣教育》581,48～57。1999 年。

11. 呂興昌著,〈釘根土地分苦楝——序黃勁連分《潭仔墘手記》〉,《蕃薯詩 刊‧7‧台灣詩神》,台南:台笠。1996 年 6 月 10 日。

12. 呂興昌編,《台語文學運動論文集》,台北:前衛。1999 年 1 月初版第 1 刷。

13. 李南衡著,〈家己 thai 趁腹內〉,《菅芒花詩刊革新號第三期——林央敏專號》,台南:菅芒花台語文學會。2004 年 4 月 10 日。

14. 李喬著,〈寬廣的語言大道——對台灣語文的思考〉,《台語文學運動論文集》,台北:前衛。1999 年 1 月初版第 1 刷。

15. 李勤岸著,〈台灣文學的正名——從英語後殖民文學看台灣文學〉,《台灣文學正名》,台南市:台灣海翁台語文教育協會。2006 年 3 月初版。

16. 李勤岸著,〈倉頡滿四界〉,《蕃薯詩刊·7·台灣詩神》,台南:台江。1996 年 6 月 10 日。

17. 李勤岸著,〈落實民族解放運動的詩篇——評介《李勤岸台語詩集》〉,《蕃薯詩刊·7·台灣詩神》,台南:台笠。1996 年 6 月 10 日。

18. 李勤岸著,〈歷史不斷重演的台灣文學運動〉《蕃薯詩刊·7·台灣詩神》,台南:台笠。1996 年 6 月 10 日。

19. 沙卡布拉揚著,〈含汝開講咱分「文學語言」之一〉,《蕃薯詩刊·4·郡王牽著我的手》,台南:台笠。1993 年 6 月 1 日。

20. 沙卡布拉揚著,〈咱卜創分是「文學語言」〉,《蕃薯詩刊·5·台灣製》,台南:台笠。1993 年 12 月 15 日。

21. 周定邦著,〈風佇秋天掖種——介紹《菅芒花詩刊》佮《菅芒花台語文學》〉,《菅芒花詩刊革

22. 林央敏著,〈台語文學代表台灣文學——台灣文學 bē 使逃避語言 ê 界定〉,《蕃薯詩刊·6·油桐花若開》,台南:台笠。1994 年 8 月 1 日。

23. 林央敏著,〈用疼心醞釀出來分滋味——談黃勁連詩集《偓促分城市》〉,《蕃薯詩刊·4·郡王牽著我的手》,台南:台江。1993 年 6 月 1 日。

24. 林央敏著,〈回歸台灣文學的面腔〉,《蕃薯詩刊·2·若夠故鄉的春天》,台南:台江。1992 年 4 月 15 日。

25. 林央敏著,〈像一座看前顧後的路觀牌——台語文學大系總序〉,《方耀乾臺語詩選》,台南:開朗。2007 年,初版。

26. 林亨泰著,〈母語分發見——其一〉,《蕃薯詩刊·5·台灣製》,台南:台江。1993 年 12 月 15 日。

27. 林宗源著,〈建立有尊嚴的台灣文學〉,《蕃薯詩刊·6·油桐花若開》,台南:台江。1994 年 8 月 1 日。

28. 林宗源著,〈按我的經驗講賽戰後台語詩的狀況〉,《蕃薯詩刊·3·抱著咱的夢》,台南:台笠。1992 年 10 月 22 日。

29. 林宗源著,〈得獎的心內話〉,《蕃薯詩刊·6·油桐花若開》,台南:台笠。1994 年 8 月 1 日。

30. 林芷琪著,〈枝葉代代淡、唔驚落塗爛——談蕃薯詩社 kap 詩刊〉,《菅芒花詩刊革新號第四期》,台南:台江。2005 年。

31. 林錦賢著,〈「兮」兮故事——台語文字論戰小集〉,《蕃薯詩刊・5・台灣製》,台南:台江。1993 年 12 月 15 日。。

32. 阿仁著,〈講一寡台語文學的問題〉,《蕃薯詩刊・4・郡王牽著我的手》,台南:台笠。1993 年 6 月 1 日。

33. 思英著,〈台灣文化 ê 特色〉,《蕃薯詩刊・4・郡王牽著我的手》,台南:台笠。1993 年 6 月 1 日。

34. 施俊州著,〈寂寞,或是鬧熱的花園:《菅芒花》詩刊的文學實踐 Kah 內涵試論〉,《菅芒花詩刊革新號第五期——菅芒花詩人群專號》,台南:菅芒花台語文學會。2006 年 5 月 31 日。

35. 施炳華著,〈菅芒花台語文學創刊賀詞——接續台語文學分香火〉,《菅芒花台語文學》,台南:菅芒花台語文學會。1999 年 1 月 1 日。

36. 施炳華著,〈菅芒花詩刊發刊詞〉,《菅芒花詩刊 菅芒花開》,台南:台江。1997 年 6 月 15 日。

37. 施炳華著,〈臺灣話佮臺語文學〉,《菅芒花詩刊 心悶》,台南:台江。1997 年 12 月 30 日。

38. 段震宇著,〈按「台文通訊」講起〉,《蕃薯詩刊・5・台灣製》,台南:台笠。1993 年 12 月 15 日。

39. 洪惟仁著,〈一篇台語文學評論的盲點與侷限——評廖文〈台語文學的商榷〉〉,《台語文學運動論文集》,台北:前衛。1999 年 1 月初版第 1 刷。

40. 洪惟仁著,〈雉雞再啼〉,《蕃薯詩刊・4・郡王牽著我的手》,台南:台笠。1993 年 6 月 1 日。

41. 洪錦田著,〈推動台語文學愛來 ùi 家庭做起〉,《蕃薯詩刊・6・油桐花若開》,台南:台笠。1994 年 8 月 1 日。

42. 胡民祥著,〈台語文字化的第一步〉,《蕃薯詩刊・1・鹹酸甜的世界》,台南:台江。1991 年 8 月 15 日。

43. 胡民祥著,〈台語文學分心事〉,《菅芒花詩刊 菅芒花開》,台南:台江。1997 年 6 月 15 日。

44. 胡民祥著,〈台語母奶沃出來分詩篇——讀《握促兮城市》詩集分感想〉,《蕃薯詩刊・4・郡王牽著我的手》,台南:台笠。1993 年 6 月 1 日。

45. 胡民祥著,〈台灣意識及龍應台評小說〉,《蕃薯詩刊・2・若夠故鄉的春天》,台南:台笠。1992 年 4 月 15 日。

46. 胡民祥著,〈台灣新文學運動時期「台灣話」文學化發展的探討〉,《蕃薯詩刊・3・抱著咱的夢》,台南:台笠。1992 年 10 月 22 日。

47. 胡民祥著,〈用母語思考〉,《蕃薯詩刊・1・鹹酸甜的世界》,台南:台江。

1991 年 8 月 15 日。

48. 胡民祥著,〈有台灣文學觀的陳文成〉,《菅芒花詩刊革新號第三期——林央敏專號》,台南:菅芒花台語文學會。2004 年 4 月 10 日。

49. 胡民祥著,〈宋澤萊兮台語詩〉,《蕃薯詩刊‧5‧台灣製》,台南:台笠。1993 年 12 月 15 日。

50. 胡民祥著,〈做一個台語文學的參與者〉,《蕃薯詩刊‧6‧油桐花若開》,台南:台笠。1994 年 8 月 1 日。

51. 胡民祥著,〈動態看待台灣文學語言〉,《蕃薯詩刊‧3‧抱著咱的夢》,台南:台笠。1992 年 10 月 22 日。

52. 胡民祥著,〈演變中分台灣文學語言——參與台灣文學研究會十年分回顧俗展望〉,《蕃薯詩刊‧5‧台灣製》,台南:台笠。1993 年 12 月 15 日。

53. 胡民祥著,〈綿綿勁連之夢〉,《菅芒花詩刊第十二期——台灣野百合》,台南:菅芒花台語文學會。2008 年 6 月。

54. 胡民祥著,〈賴和文學語言的辯證〉,《菅芒花台語文學第二期》,台南:菅芒花台語文學會。1999 年 4 月 1 日。

55. 胡長松著,〈論方耀乾詩裡的自我追尋〉,《方耀乾臺語詩選》附錄二。2007 年,初版。

56. 徐復觀,〈誰賦豳風七月篇:農村的記憶〉,《學術與政治之間》,台北:學生書局。1980 年。

57. 烏皮著,〈台灣語文思想的基礎〉,《蕃薯詩刊‧2‧若夠故鄉的春天》,台南:台笠。1992 年 4 月 15 日。

58. 張炎憲著,〈找回本土語言的自信心〉,《台語文運動訪談暨史料彙編》,台北:國史館。2008 年 3 月初版一刷。

59. 許正勳台譯,〈台語佮台灣兮語言〉,《菅芒花詩刊　阿福兮風吹》,台南:台江。1998 年 7 月。

60. 許極燉著,〈台灣文學著愛用台語來栽培〉,《蕃薯詩刊‧3‧抱著咱的夢》,台南:台笠。1992 年 10 月 22 日。

61. 許献平著,〈佇南瀛星空犁詩的方耀乾〉,《菅芒花詩刊革新號第五期——菅芒花詩人群專號》,台南:菅芒花台語文學會。2006 年 5 月 31 日。

62. 郭秋生著,〈建設「台灣話文」一提案〉,《1930 年代台灣鄉土文學論戰資料彙編》,高雄:春暉。2003 年 3 月初版第一刷。

63. 陳明仁著,〈按蕃薯詩刊、台文通訊到台語文學有聲叢刊〉,《蕃薯詩刊‧6‧油桐花若開》,台南:台笠。1994 年 8 月 1 日。

64. 陳金順著,〈淡薄仔春光〉,《菅芒花詩刊革新號第三期——林央敏專號》,台南:菅芒花台語文學會。2004 年 4 月 10 日。

65. 陳恒嘉著，〈母語、土語、國語、標準語及普通話〉，《蕃薯詩刊‧2‧若夠故鄉的春天》，台南：台江。1992 年 4 月 15 日。

66. 陳泰然著，〈台灣儂俗台灣話〉，《菅芒花詩刊　阿福兮風吹》，台南：台江。1998 年 7 月。

67. 陳雷著，〈台灣人對台灣母語 ê 錯覺〉，《蕃薯詩刊‧5‧台灣製》，台南：台江。1993 年 12 月 15 日。

68. 陳雷著，〈台灣文學發展的 ê 下一個階段〉，《蕃薯詩刊‧3‧抱著咱的夢》，台南：台江。1992 年。

69. 陳雷著，〈漢羅合用法一致性 ê 問題〉，《蕃薯詩刊‧4‧郡王牽著我的手》，台南：台笠。1993 年 6 月 1 日。

70. 陳雷著，〈賴和文學 ê 精神〉，《蕃薯詩刊‧6‧油桐花若開》，台南：台笠。1994 年 8 月 1 日。

71. 陳雷著，〈關於「南瀛台語文學選集」 ê 幾點討論〉，《蕃薯詩刊‧7‧台灣詩神》，台南：台笠。1996 年 6 月 10 日。

72. 彭瑞金著，〈語‧文‧文學〉，《台語文學運動論文集》，台北：前衛。1999 年 1 月初版第 1 刷。

73. 彭瑞金著，〈請勿點燃語言炸彈〉，《台語文學運動論文集》，台北：前衛。1999 年 1 月初版第 1 刷。

74. 黃勁連，〈文學兮台語，台語兮文學〉，《菅芒花詩刊　心悶》，台南：台江。1997 年 12 月 30 日。

75. 黃勁連著，〈文學的台語，台語的文學〉，《蕃薯詩刊‧3‧抱著咱的夢》，台南：台江。1992 年 10 月 22 日。

76. 黃勁連著，〈台語兮水〉，《菅芒花詩刊　菅芒花開》，台南：台江。1997 年 6 月 15 日。

77. 黃勁連著，〈台語兮水〉，《蕃薯詩刊‧7‧台灣詩神》，台南：台江。1996 年 6 月 10 日。

78. 黃勁連著，〈語言兮傷害〉，《菅芒花詩刊　心悶》，台南：台江。1997 年 12 月 30 日。

79. 楊允言著，〈台語文字化兮可能性〉，《蕃薯詩刊‧5‧台灣製》，台南：台江。1993 年 12 月 15 日。

80. 董峰政著，〈正港兮菅芒花〉，《菅芒花詩刊　阿福兮風吹》，台南：台江。1998 年 7 月。

81. 董峰政著，〈為台語正名〉，《菅芒花台語文學第三期》，台南：菅芒花台語文學會。2000 年 1 月 1 日。

82. 董峰政著，〈總統母語文學的網，阮來編織〉，《菅芒花詩刊革新號第一期》，台南：菅芒花台語文學會。2000 年 9 月 30 日。

83. 廖咸浩著，〈台語文學的商榷（需要更多養份的革命）〉，《台語文學運動論文集》，台北：前衛。1999 年 1 月初版第 1 刷。

84. 廖瑞銘著，〈台語白話文運動正確 ê 方向〉，《蕃薯詩刊・5・台灣製》，台南：台江。1993 年 12 月 15 日。

85. 趙天福著，〈一個演詩者 ê 感慨——對文化會議語言使用 ê 感想〉，《蕃薯詩刊・5・台灣製》，台南：台江。1993 年 12 月 15 日。

86. 蔣為文著，〈語言文學 kap 民族國家 ê 建構：台語文學運動史初探〉，《台灣文學正名》。台南：台灣海翁。2006 年。

87. 鄭良偉著，〈台語教材有偌濟？〉，《蕃薯詩刊・3・抱著咱的夢》，台南：台笠。1992 年 10 月 22 日。

88. 鄭良偉著，〈對台語語言學的寄望〉，《蕃薯詩刊・4・郡王牽著我的手》，台南：台笠。1993 年 6 月 1 日。

89. 鄭穗影著，〈台灣文學的「正名」〉，《蕃薯詩刊・3・抱著咱的夢》，台南：台笠。1992 年 10 月 22 日。

90. 藍淑貞著，〈台語的火車頭——黃勁連〉，《菅芒花詩刊第十二期——台灣野百合》，台南：菅芒花台語文學會。2008 年 6 月。

91. 藍淑貞著，〈行出母語失落 ê 悲哀〉，《菅芒花詩刊 阿福 ê 風吹》，台南：台江。1998 年 7 月。

92. 顏惠山著，〈菅芒花台語文學創刊詞——我有聽著台灣佇血脈裡咧跳動 ê 聲〉，《菅芒花台語文學創刊號》，台南：菅芒花台語文學會。1999 年 1 月 1 日。

93. 羅文傑著，〈台語卡通影片 ê 聯想〉，《蕃薯詩刊・5・台灣製》，台南：台江。1993 年 12 月 15 日。

94. 羅文傑著，〈台灣文學 ê 盲點〉，《蕃薯詩刊・3・抱著咱的夢》，台南：台笠。1992 年 10 月 22 日。

95. 羅文傑著，〈台灣主體性 ê 白話文運動〉，《蕃薯詩刊・5・台灣製》，台南：台笠。1993 年 12 月 15 日。

96. 羅文傑著，〈告別殖民地時代 ê 台灣文學——陳雷台語文學選集序〉，《蕃薯詩刊・6・油桐花若開》，台南：台江。1994 年 8 月 1 日。

97. 羅文傑著，〈國民黨語文政策 ê 本質〉，《蕃薯詩刊・2・若夠故鄉的春天》，台南：台笠。1992 年 4 月 15 日。

98. 羅文傑著，〈滅種中的台灣語言〉，《蕃薯詩刊・1・鹹酸甜的世界》。台南：台江，1991 年 8 月 15 日。

99. 羅文傑著，〈對台語文學 ê 期待——建立台灣主體性台語白話文〉，《蕃薯詩刊 6 油桐花若開》，台南：台江。1994 年 8 月 1 日。

100. 蘇芳儀等訪,〈台語文學的疊磚仔師——專訪方耀乾老師〉,《菅芒花台語文學第 4 期》,台南:菅芒花台語文學會。2001 年 10 月 1 日。

三、學位論文

1. 方耀乾著,《Ùi 邊緣 kàu 多元中心:台語文學 ê 主體建構》,台南:成功大學台灣文學系博士論文。2008 年 6 月。

2. 施俊州著,《寂寞,或是鬧熱的花園:《菅芒花》詩刊的文學實踐 Kah 內涵試論》,台南:成功大學台灣文學研究所碩士論文。2006 年。

3. 張雅閔著,《女性學習白話字之讀寫研究》,台東:國立台東大學語文教育研究所碩士論文。2008 年 6 月。

4. 陳淑容著,《一九三〇年代鄉土文學‧台灣話文論爭及其餘波》,台南:台南師範學院鄉土文化研究所碩士論文。2001 年。

5. 陳慕眞著,《台語白話字書寫中 ê 文明觀——以《台灣府城教會報》(1885～1942)爲中心》,台南:成功大學台灣文學研究所碩士論文。2006 年 7 月。

6. 蔡瑋芬著,《戰後台語文學運動 ê 開展》,台北:國立台灣師範大學台灣文化及語言文學研究所碩士論文。2005 年。

四、研討會論文

1. 方耀乾著,〈叫你一聲 koh 一聲:林央敏的台語文學史建構初探〉,《2005台語文學學術研討會論文集》,台南:國家台灣文學館。2005 年。

2. 方耀乾著,〈生產一個開始——台語詩史書寫問題初探〉,《2006 台語文學學術研討會論文集》,台南:國立成功大學。2006 年。

3. 呂興昌著,〈憑什麼台語?爲什麼文學——台語文學的新思考〉,《2005台語文學學術研討會論文集》,台南:國家台灣文學館。2005 年。

4. 李淑鳳著,〈台語現代詩本土植物 ê 書寫〉,《2006 台語文學學術研討會論文集》,台南:國立成功大學。2006 年。

5. 周莘斌著,〈「蕃薯詩社」及《蕃薯詩刊》初探〉,《2005 國際學術研討會:語言學習者的研究與分析》,台南:南台科技大學。2005 年。

6. 林雅雯著,〈國小學童學習白話字的課程安排及發現〉,《2002 台灣羅馬字教學 kap 研究國際學研討會論文集》,台東:台東大學。2002 年。

7. 張學謙著,〈白話字 kap 台語文的現代化〉,《2004 台灣羅馬字國際研討會論文集》,台南:國家台灣文學館。2004 年。

8. 梁瓊芳著,〈Ui 大眾傳播 ê 角度探討《台文通訊》雜誌自 90 年代以來對台灣語文運動 e 意義〉,《2006 第三屆台灣羅馬字國際學術研討會論文集》,台北:國立台灣師範大學。2006 年。

9. 廖瑞銘著,〈詩‧故鄉‧台語歌——黃勁連 ê 文學世界〉,《2006 台語文學學術研討會論文集》,台南:國立成功大學。2006 年。

10. 蔡瑋芬著,〈1990 年代初期台語文運動 ê 雙箭——論《蕃薯詩刊》kap《台文通訊》tī 運動中 ê 角色〉,《2006 台語文學學術研討會論文集》,台南:國立成功大學。2006 年。

11. 蔡瑋芬著,〈戰後台語文學運動 ê 論述開展〉,《2006 第三屆台灣羅馬字國際學術研討會論文集》,台北:國立台灣師範大學。2006 年。

五、報紙文章

1. 立法院,《立法院公報》(八十三卷四十九期),台北:立法院。1994 年。余光中著,〈狼來了〉,《聯合報》。1977 年 8 月 20 日,副刊 12 版。

2. 林央敏著,〈不可扭曲台語文學運動——駁正廖成(咸)浩先生〉,《民眾日報》。1989 年 7 月 10 日,鄉土第 18 版。

3. 胡民祥著,〈台語文字化的第一步〉,《民眾日報》。1991 年 11 月 20 日,「鄉土‧文化版～臺語文學特刊」8 版。

4. 胡民祥著,〈用母語思考〉,《民眾日報》。1991 年 12 月 20 日,「鄉土‧文化版～臺語文學特刊」8 版。

5. 胡民祥著,〈動態看待台灣文學語言〉,《民眾日報》。1992 年 6 月 20 日,「鄉土‧文化版～臺語文學特刊」8 版。

6. 陳雷著,〈台灣文學發展 ê 下一個階段〉,《民眾日報》。1993 年 5 月 20 日,「鄉土‧文化版～臺語文學特刊」8 版。

7. 黃石輝著,〈怎樣不提倡鄉土文學〉,《伍人報》。1930 年 8 月 16 日。

8. 黃勁連著,〈我手寫我口〉,《民眾日報》。1991 年 6 月 20 日,「鄉土‧文化版～臺語文學特刊」8 版。

9. 聯合報,〈國民黨十二屆一中全會,昨選出中常委二十七人〉,《聯合報》。1981 年 4 月 7 日,1 版。

10. 羅文傑著,〈國民黨語文政策 ê 本質〉,《民眾日報》。1992 年 4 月 20 日,「鄉土‧文化版～臺語文學特刊」8 版。

11. 羅文傑著,〈出外人 ê 故鄉〉,《民眾日報》。1993 年 4 月 20 日,「鄉土‧文化版～臺語文學特刊」8 版。

附　錄

《蕃薯詩刊》第 1～7 集目次索引

《蕃薯詩刊・1・鹹酸甜的世界》

篇　　名	作　者
理論篇	
台語文字化的第一步	胡民祥
用母語思考	胡民祥
滅種中的台灣語言	羅文傑
直排及橫排之間	鄭良偉
雉雞塊啼	洪惟仁
對土裏醒過來的聲音	向陽
詩篇	
鹹酸甜的世界	林宗源
流浪的人民	黃勁連
放生	黃勁連
馬路英雄	黃勁連
台灣儂	黃勁連
里長伯	黃勁連
行過鐵枝路	黃勁連
母性的土地	謝安通

一隻鳥仔勿閣哮救救	謝安通
行過有毒的路	謝安通
死田嬰	謝安通
童年（客語詩）	黃恒秋
抗議的鷓仔（客語詩）	黃恒秋
人生	黃恒秋
總講嗯無緣	黃恒秋
下晡的一場戲	陳明瑜
新莊街	陳明瑜
唐山過台灣	陳明瑜
再會吧北投	陳明瑜
紅目達也	陳明瑜
搬厝	岩上
路邊擔仔	岩上
風颱	劉輝雄
予我	劉輝雄
黃河	劉輝雄
寫予阿爸的詩	河洛
空地上的王祿仙	河洛
夢昧離──結婚十七冬紀念詩	黃樹根
同款的夢──結婚十五年紀念	黃樹根
落雨的日子	莊柏林
王育德無倒轉來	莊柏林
自汝離開了後	莊柏林
碟仔仙	莊柏林
林肯日夜傷悲	莊柏林
一步珠淚	莊柏林
一暝夠天光	趙天儀
山尾頂飛落的厝仔鳥仔	林沉默
獻面企挺挺	林沉默

鵂鶹	林沉默
土地是咱的	吳鈞
擔蔥賣菜	吳鈞
炭坑漁夫	阿仁
汝哀愁的目珠	阿仁
故鄉	阿仁
昨暝，關仔嶺塊落雨	阿仁
閣聽著水蛙哮	阿仁
歹竹出好筍	顏信星
哦阿娘阮嘛卜夢	顏信星
十字路口的玉蘭花	顏信星
念鄉	顏信星
著是福伯也即種儂	顏信星
又閣是月娘出來的時	向陽
牛頭及馬面	李勤岸
解嚴之後	李勤岸
龍	李勤岸
選舉歌	李勤岸
候選人的夢	李勤岸
做大家官的時陣	周鴻銘
店頭家的悲哀	周鴻銘
做月內	周鴻銘
做田儂	周鴻銘
有一條歌按呢唱	吳夏暉
烏名單	吳夏暉
福摩沙悲歌	林央敏
變種番薯	林央敏
命靚抑命歪（一）	范文芳
命靚抑命歪（二）	范文芳
祝福	海瑩

散文篇	
吉他——〈潭仔墘手記〉	黃勁連
記憶在慢慢中間生根	林央敏
雨落佇嘉南平原	林央敏
在阮兜發生的事件	林宗源
我做一個奇怪的夢	林宗源
玫瑰及蟲	林宗源
無夠七吋的蛇卜按怎扑	洪錦田
兩種命運	蔡丰祺
囝的是翁某的「蜈蚣釘」	洪惟仁

《蕃薯詩刊・2・若夠故鄉的春天》

篇　　名	作　者
理論篇	
台語文學就是台灣文學	林宗源
回歸台灣文學的面腔	林央敏
台灣語文思想的基礎	烏皮
愛用筆寫出咱家自的尊嚴	林錦賢
台灣意識及龍應台評小說	胡民祥
母語、土語、國語、標準語及普通話	陳恒嘉
啥儂是咱 ê 同胞	精兵
國民黨語文政策 ê 本質	羅文傑
可愛的仇人	鄭良偉
詩篇	
若夠故鄉的春天	林央敏
蒿里曲	林央敏
一張烏名單	林央敏
台灣四百冬	林央敏
綿綿的台灣情愛——恭賀葉俊麟老先生七十大壽	黃勁連
有一款儂	黃勁連
彼暗的燈光	黃勁連
夜間飛行	黃勁連

行對牛灶去	黃勁連
偓促的城市	黃勁連
落塗時	黃勁連
遙望	何瑞雄
曠野	何瑞雄
火	何瑞雄
鎮魂	何瑞雄
山風海風	沙卡布拉揚
回聲	沙卡布拉揚
幹！	沙卡布拉揚
有一叢松仔	沙卡布拉揚
統獨	莊柏林
政績	莊柏林
三個查某女間	莊柏林
延平郡王請汝聽我講幾句話	莊柏林
行、行也行	吳鈞
等、閣等	吳鈞
嚴寒　凍未死的日日春	林宗源
斑鳩的情歌勿閣唱袂煞	謝安通
勿做金牛的走狗	謝安通
故鄉的詩	林沉默
問溪哥	林沉默
口歐，立陶宛	林沉默
統獨的事件	林沉默
走找流浪的台灣	阿仁
風颱雨	阿仁
薰的記事	阿仁
檳榔	阿仁
兄弟咱在街頭相會	阿仁
囡仔兄	康原
海口兄弟	康原
雞歸王	康原

倦鳥	顏信星
濁水溪的故事	顏信星
白髮	李勤岸
認命牛	李勤岸
龍	李勤岸
中元節（客語詩）	杜潘芳格
朦煙天的梅花（客語詩）	杜潘芳格
風颱	朱慧娟
等候兔仔撞樹頭	林武憲
阿公的疑問	郁山
芎蕉的滋味	郁山
吾女甫娘（客語詩）	黃恒秋
門神	黃恒秋
康庄佇頭前	海瑩
曇花的世界	海瑩
港邊	李魁賢
紅柿	李魁賢
秋天的罷工站	胡民祥譯作
阮阿爸的故事，1932	胡民祥譯作
播田期	王灝
九月時	王灝
瓦窯（台語）	利玉芳
瓦窯（客語）	利玉芳
牛的運命	河洛
春花唔敢望露水	向陽
阿爹的飯包	向陽
塗孔的蕃薯	岩上
阿爸的嗽聲	謝武彰
唱著心內彼條歌	謝武彰
中華基金國	陽柯
台灣命運	黃樹根
烏名單的怨感	黃樹根

我的鄉里	周鴻銘
作工仔儂	周鴻銘
咱成功的條件	周鴻銘
予我	劉輝雄
咱的青春在彼時	劉輝雄
布馬陣	林佛兒
牛犁歌陣	林佛兒
齒痛會診	張德本
古井	羊子喬
收成	羊子喬
觀賞原舞者表演	周華斌
散文篇	
佇阿娘身軀邊	黃勁連
同胞	黃勁連
彙音寶鑑	黃勁連
赤崁樓	林宗源
煮魚	林宗源
牛	林宗源
故鄉	林洪權
佇風聲中	沙卡布拉揚
候鳥之歌	沙卡布拉揚
咱的故鄉台灣	林央敏
大鼎未滾	杜文靖
一耳入、一耳出	杜文靖
稻穗飽淀著垂頭	杜文靖
儂賢袂堪得命運做對頭	杜文靖
雞母唔關扑鶆鴞	杜文靖
頂山仔跤記	吳鈎
初戀的儂	黃恒秋
批信篇	
予宗源兄的批	沙卡布拉揚
予勁連的批	阿嘉
予勁連的批	阿嘉

《蕃薯詩刊・3・抱著咱的夢》

篇　名	作　者
理論篇	
台語文學的正名	鄭穗影
台灣文學著愛用台語來栽培	許極燉
動態看待台灣文學語言	胡民祥
台灣新文學運動時期——「台灣話」文學化發展的探討	胡民祥
文學的台話，台語的文學	黃勁連
塩分的旅途——塩分地帶的詩及詩人	黃勁連
按我的經驗講寡戰後台語詩的狀況	林宗源
林宗源的詩的世界	金子秀夫
台灣文學發展ê下一個階段	陳雷
台灣文學ê盲點	羅文傑
台語教材有偌濟	鄭良偉
詩篇	
抱著咱的夢	黃勁連
臭香的蕃薯	黃勁連
撐渡伯也	黃勁連
阮的眠床	黃勁連
潭仔墘儂	黃勁連
台灣第一	黃勁連
二〇一二年	黃勁連
台灣史詩	周明峰
少年的夢	岩上
碧山寺夜訪	岩上
風吹菅芒花白白	阿仁
呂洞賓及拉撒路	陳主顯
我心內有一片楓葉	林宗源
狗食人的時代到了	林宗源
時間豈會當命令我 khia 定定	林宗源
阮較愛做海口儂	涂順從
力量	林亨泰

平行線	王啓輝
唔敢叫出伊的名	廖榮春
故鄉之歌	莊柏林
苦楝若開花	莊柏林
旅美途中夢見黃勁連	莊柏林
台灣儂講台灣話	莊柏林
半冥起來寫詩	李明白
越頭看	胡民祥
來去的時	胡民祥
牛馬儂的歷史	胡民祥
汝是阮的縣長	吳鈞
他鄉的儂	周華斌
煩惱	周華斌
放生	周華斌
顯示器	吳夏暉
鍵盤	吳夏暉
作業系統	吳夏暉
烏龍茶	顏信星
阮無愛閣哮	顏信星
塩埕	顏信星
傷痕	顏信星
一九九○年	王金選
去看海	海瑩
互母親	海瑩
獻出鄉土愛	林央敏
福摩沙悲歌	林央敏
故友情淚	林央敏
命	黃恒秋
鞋	利玉芳
雙面儂	林沈默
灌塗猴	林沈默
蕃薯，ROC	阿光
酒悾成仔的迄條歌	陳明瑜

河川及掌紋	謝安通
雛妓悲歌	謝安通
寫互毯仁阿錚	謝安通
水晶球中的魚	謝安通
草仔枝	林武憲
學飛	林武憲
我是一條蕃薯	林武憲
鳥仔有蟲食	林武憲
選翁	周鴻鳴
我心愛的伊	周鴻鳴
紅底反白的恐怖	李勤岸
畀「理性」	杜潘芳格譯作
我若是轉去宜蘭	簡忠松
散文篇	
論姦情	東方白
若是時間會倒轉去	陳雷
阿媽咧講台灣	林宗源
中秋節	林宗源
小提琴	林宗源
潭仔墘手記四帖	黃勁連
祭母文	施炳華
先考事略	洪惟仁
一寡推廣台文 ê 消息	羅文傑
馬沙溝及塩埕	吳鈞
獨立蒼茫自詠詩	涂順從
向上帝挑戰	涂順從
萬事起頭難	王淑芬
訪問篇	
訪問李奎然教授談台灣歌 ê 編曲	羅文傑
訪問百里香香小姐	羅文傑
批信篇	
互鄭良偉的批（一）（二）	王育德
互黃勁連的批	胡民祥

《蕃薯詩刊・4・郡王牽著我的手》

篇　　名	作　者
理論篇	
講一寡台語文學的問題	阿仁
含汝開講咱兮「文學語言」	沙卡布拉揚
林宗源的詩觀	江天
用疼心醞釀出來兮滋味	林央敏
雉雞再啼	洪惟仁
台語母奶沃出來兮詩篇	胡民祥
黃帝的子孫及福建的土蕃仔	許極燉
選用「甲、及、佮」三字的經驗	胡民祥
台灣文化 ê 特色	思英
對台語語言學的寄望	鄭良偉
漢羅合用法一致性 ê 問題	陳雷
詩篇	
郡王牽著我的手	莊柏林
我恬恬辭別了故鄉	莊柏林
廈門大學巡禮	莊柏林
延平的五更月	莊柏林
鼓浪嶼的詩人	莊柏林
生命的歌夢	莊柏林
寫詩吐絲	黃勁連
有一隻白鴿鷥	黃勁連
土地咧講話	黃勁連
戀百姓	黃勁連
心悶	黃勁連
回鄉偶書	黃勁連
將軍	黃勁連
走揣台灣儂兮血跡	涂順從
咱的蕃薯園	周華斌
植物人	周華斌
昨暝　佮汝開講	李明白

磁碟機（一）	吳夏暉
磁碟機（二）	吳夏暉
金魚	林宗源
若是有下世人的代誌	林宗源
巴油池的抗命歌	林宗源
0＝10	林宗源
古都情網	林宗源
送互木盛佮文治	莊秋雄
鮭魚徛出來	莊秋雄
綠色的呼喚	顏信星
少年的，汝會曉唱台灣歌未	陽柯
月桃結子像珠串	杜潘芳格
港口的小吹	陳明仁
老詩人	陳明仁
詩人瘂口	陳明仁
聽見人咧哭	陳明仁
懷念阿姆	黃恆秋
從細到大	黃恆秋
唔知奈久正做得坐橫桌仔	黃恆秋
傀儡翁仔	蘇惠玲
白靈	林沉默
樹蟬歌	林沉默
嬰仔度晬迄一工	林沉默
那虹的詩	胡民祥
火種	胡民祥
核電廠悲歌	謝安通
文旦柚	吳鈞
龍眼籽唔通齪互破	吳鈞
思念雨	陳雷
散文篇	
聽著雨聲	黃勁連
今旦日，台灣光復	黃勁連

阮兮細漢時	黃勁連
狗山流仔	黃勁連
竹抱跤麻酒	黃勁連
行過金仔城	林央敏
永久地址	林央敏
田庄兮暗頭仔	林央敏
自畫像	東方白
頭殼鑿起來做椅仔坐	盧媽義
Thên-pu-lah	宇奈武
鬼仔火	宇奈武
台南市「二二八」建碑破土紀念文	顏信星
辜顯榮	黃元興
厝角鳥仔	林宗源
猶是這上好	陳雷
出外人ê故鄉	羅文傑
一個台文工作者ê心聲	鄭良光
好膽寫出疼台灣	魏眞光
南鯤鯓	吳鈞
雄狂狗，食無尿	洪錦田
北汕尾傳奇	涂順從
小說篇	
阿春無罪	陳雷
華府牽猴	胡民祥
批信	
以人民爲師	阿嘉
閒是閒，心肝無閒	阿嘉
秋末蕃薯心	林央敏
今年兮雪落眞大	胡民祥
由東方白轉送	陳明雄
收著汝兮批	洪惟仁

《蕃薯詩刊・5・台灣製》

篇　　　　名	作　　者
理論篇	
演變中兮台灣文學語言	胡民祥
宋澤萊兮台語詩	胡民祥
母語兮發現	林亨泰
咱卜創兮是「文學語言」	沙卡布拉揚
台灣人對台灣母語 ê 錯覺	陳雷
台語文字化兮可能性	楊允言
台語卡通影片 ê 聯想	羅文傑
台灣主體性 ê 白話文運動	羅文傑
按「台文通訊」講起	段震宇
一個演詩者兮感慨	趙天福
台語白話文運動正確 ê 方向	廖瑞銘
「兮」兮故事	林錦賢
詩篇	
台灣製	胡民祥
蕃薯免著驚	胡民祥
楓樹葉	胡民祥
雪景	胡民祥
樹人四季	胡民祥
妹妹兮心事	胡民祥
秋天雲	胡民祥
汝莫去　TAIWAN　唔通　ROC	胡民祥
東西方兮數學	胡民祥
我敬畏秋天	胡民祥
鄉親	胡民祥
囝按呢講	胡民祥
台灣牛	郁山
鹹酸甜	郁山
手銃的日子	林宗源
勇仔轉宜蘭	簡勇

白面書生	吳鈞
母語 ê 愛情	陳雷
開票 ê 公園	張春凰
阿母	顏信星
我有一個夢	顏信星
叫做台灣的搖籃	謝安通
胎盤素佮大磁場	謝安通
發光做燈塔佮天星	謝安通
老人	莊柏林
神嘛愛買票	莊柏林
舞女	莊柏林
故鄉曾經在遙遠的夢中	莊柏林
死神來槓門	莊柏林
花開花落	莊柏林
母語	莊柏林
海風咻咻叫	阿惠
南風佮稻香	黃勁連
雨落在岑墘	黃勁連
阮阿娘	黃勁連
八月天	周東和
想起迄當時	周東和
一喙掛雙舌	江秀鳳
白鴿鷥佮烏秋	江秀鳳
平埔組曲（之一）	草地人
膜塞目	林明男
麻虱目	林明男
虱目	林明男
虱目仔	林明男
虱目魚	林明男
我叫汝一聲佫一聲	林央敏
龍之族	向陽
心情	劉輝雄

建國分船	劉輝雄
愛	黃恒秋
摘一蕾花就想起一擺事	杜潘芳格
光个日	杜潘芳格
紙人	杜潘芳格
公民	杜潘芳格
茶園	杜潘芳格
田僑仔	周鴻銘
討海翁	周鴻銘
在雨中離開 Iowa……	陳明仁
蕃薯分歌	王寶星
田嬰若起飛	王寶星
秋清分笑容	王寶星
故鄉分山坪	王寶星
怎會袂驚死	黃樹根
後庄訪舊	林沉默
統獨勿講	林沉默
散文篇	
阮阿公	胡民祥
楓樹葉仔分心事	胡民祥
未忘花	陳雷
上美的春天	東方白
大箍乞食	黃勁連
永遠分堅持	黃勁連
放膽文章則會贏	黃勁連
阮迄箍冠文也	黃勁連
西方問佛祖	吳鈞
夜臨大肚山	林央敏
東北一角山水	林央敏
寒星照孤影	林央敏
「大陸」佮「中國」分故事	林明男
一位「老芋仔」大聲講出「我嘛是台灣人」	林明男

詩人來阮兜	簡勇
門聯兮心適事	洪錦田
那知東時仔會起醉？	洪錦田
儂兮歲頭是按怎來兮？	洪錦田
賣塩兮佮賣雨傘兮	洪錦田
大隻雞慢啼	涂順從
請問芳名	涂順從
我愛新樂園	涂順從
批信篇	
公論報登一首簡忠松兮詩	胡民祥
正港蕃薯 ê 味	陳雷
台灣文學必須回歸母語	胡民祥
蕃薯越來越大條	黃勁連
眞見笑、眞歹勢、也眞受氣！	林義勇

《蕃薯詩刊・6・油桐花若開》

篇　　名	作　者
理論篇	
對台灣文學 ê 期待	羅文傑
台語文學代表台灣文學	林央敏
賴和文學 ê 精神	陳雷
推動台語文學愛來 ùi 家庭做起	洪錦田
告別殖民地時代 ê 台灣文學	羅文傑
按蕃藷詩刊、台文通訊到台語文學有聲叢刊	陳明仁
台語詩六家選是長流水	胡民祥
做一個台語文學的參與者	胡民祥
母親的話鄉土的情	莊柏林
台灣詩人的地圖	莊柏林
彰化媽祖後記	楊允言
得獎的心內話	林宗源
建立有尊嚴的台灣文學	林宗源
台語詩及莎士比亞	李勤岸

詩篇	
油桐花若開	陳明仁
天 beh 光 ê 一通電話	陳明仁
拍賣老台灣	陳明仁
他鄉 ê 日子	陳明仁
白鴒鷥	陳明仁
五王過海是眠夢	莊柏林
歸鄉	莊柏林
薊花	莊柏林
萍水相逢	莊柏林
秋盡	莊柏林
莊子（一）	莊柏林
莊子（二）	莊柏林
有關海的台語政治詩三首	莊柏林
銅像	林宗源
愈肥愈臭愈好的土糜漿	林宗源
一塊起臭的肉	林宗源
放風吹	林宗源
滴佇床頂的地圖	林宗源
手風琴	李勤岸
牧羊者	李勤岸
生雞卵	李勤岸
有種民族	李勤岸
孤挺花	李勤岸
哀歌三部曲	李勤岸譯詩
溪畔小記	簡勇
流目屎	黃勁連
蟋蟀	黃勁連
八月兮心情	黃勁連

即款兮滋味	黃勁連
燒酒愛改	黃勁連
草佮群眾	胡民祥
世界傳奇	胡民祥
教授老板雙面人	胡民祥
條件的世界無良心	胡民祥
良心佮狼心	胡民祥
核能跳機	胡民祥
我ê枕頭	張春凰
門神	張春凰
喜鵲	張春凰
安平	林明男
草蝦	林明男
親像海湧	岩上
行過迄間厝	謝安通
故鄉兮呼聲	周東和
媽媽兮土地是咱兮	周東和
手術房內ê世界	李明白
童年	黃恒秋
大戀牯	黃恒秋
月下曲	林央敏
回鄉的路	林央敏
寫互春天兮批	向陽
春天讀勿會出阮兮相思	向陽
穿山甲	江秀鳳
尊貴花	杜潘芳格
像水庫樣	杜潘芳格
台灣兮悾囝，聽我來唸歌	王寶星
愛情網	周鴻鳴
看袂清真面目的你	周鴻鳴

散文篇	
寫我兮故鄉	黃勁連
北京雜話	郭明昆
牽牛 chiu 殿	陳雷
Thg 話錦	洪錦田
絃絃掩抑聲聲思	涂順從
奔向南方	涂順從
今夜又佫塊落雨	涂順從
鹹魚出頭天	涂順從
佫再烏青	胡民祥
師道佗位去？	王孟武
多湖城一日	林央敏
媽祖轉少年	林仙養
勿做無路用囡	林仙養
讀冊儂迎媽祖	林仙養
萬裕也艋舺走找老母	黃元興
阿春兮一生佮願望	周東和
快樂兮出帆	周東和
囡仔公兮故事	吳鈞
小說篇	
起 sia 花	陳雷
批信篇	
眞禾黑的文化	李勤岸
那親像咧灌塗猴咧	黃勁連
台語文學營足成功	山口惣司

《蕃薯詩刊・7・台灣詩神》

篇　　　名	作　　者
評論篇	
歷史不斷重演的台灣文學運動	李勤岸
倉頡滿四界	李勤岸
落實民族解放運動的詩篇	胡民祥

台語分水	黃勁連
台語有音無字？	黃勁連
台灣蟳無膏？	黃勁連
魂兮歸來 ê 文學	林央敏
釘根土地分苦棟	呂興昌
台文運動是啥物？爲啥物？	陳雷
錯誤 ê 大漢語文主義	陳雷
國語家庭 ê 悲苦劇	陳雷
按「洛神」看「台灣本位」ê 心理建設	陳雷
關於「南瀛台語文學選集」ê 幾點討論	陳雷
「阮田庄」ê 戀情	陳雷
談「共」佮「共伊」分語調	施炳華
詩篇	
台灣詩神	李勤岸
阮阿母的名	李勤岸
雄兮做里長	李勤岸
導師謝銀樹	李勤岸
頭部的體操	李勤岸
老樹	李勤岸
無祖國的冤魂	李勤岸
燈仔花	胡民祥
新春大雪	胡民祥
春天	胡民祥
火金姑	莊柏林
故鄉捌佇遙遠的夢中	莊柏林
歸鄉	莊柏林
秋盡	莊柏林
日夜	莊柏林
淡水河	莊柏林

大家轉來台灣	莊柏林
叫出我的名台灣	莊柏林
悲情台灣四部曲	鹿耳門漁夫
台灣獨立論	鹿耳門漁夫
台灣移民圖	鹿耳門漁夫
阿母！你敢知？	鹿耳門漁夫
有愛才會幸福	林宗源
親愛的！	林宗源
一切攏是安呢爾爾	林宗源
想起咱熟似的時	林宗源
猶原希望妳尋著幸福	林宗源
去聯合國抗議	林宗源
古都夜語	林宗源
一音一滴一聲一點	林宗源
空中巴黎舞	林宗源
春天號做啥貨	林宗源
愛花的秋田女	林宗源
刻佇你心內的詩	林宗源
阮的祖國	沙卡布拉揚
蕃薯園	沙卡布拉揚
新的心酸酸	沙卡布拉揚
疼惜	沙卡布拉揚
白鴿鷥	林明男
墨賊	林明男
一陣雨	林明男
孤帆兮故鄉	王寶星
拜天公	黃樹根
天燈點著希望	黃樹根
飛去的風吹	岩上

可愛的幸運草	謝安通
阿猴猻搶西瓜	謝安通
落葉心	江秀鳳
思念兮路	江秀鳳
阿母兮精神	江秀鳳
石磨仔	周東和
暗暝 ê 地動	周東和
布袋針 ê 命運	張清雲
流浪狗 ê 美夢	張清雲
獸魂碑	張清雲
我 ê 姊妹 khia tī 門嘴	陳明仁
汝若來港都	陳明仁
檳榔	陳明仁
昨暝，夢著故鄉	吳順發
四草湖之歌	余文欽
散文篇	
發現北汕尾	黃徙
懷念阿母	洪惟仁
清明	涂順從
一磚一瓦一世界	涂順從
水鴨飛走矣	涂順從
如露亦如電	涂順從
達觀	涂順從
Basu 頂 ê 革命	陳雷
咱兮厝邊	陳雷
回鄉偶書	黃勁連
內心兮努力	黃勁連
江南兮悲哀	黃勁連
讀「走揣台灣儂兮血跡」有感	吳鈎

《菅芒花詩刊》第 1～9 集目次索引

《菅芒花詩刊菅芒花開》

篇　　名	作　者
許丙丁紀念小集	
菅芒花詩刊發刊詞	施炳華
菅芒花《寫佇菅芒花詩刊兮頭前》	王寶星
輯一／台語詩	
菅芒花開	蔡享哲
阮兮鄉城台語讀書會	蔡享哲
故鄉兮輓歌	吳新榮
世界兮良心	吳新榮
思想	吳新榮
別庄	吳新榮
四月二六日南鯤鯓廟	吳新榮
煙筒	吳新榮
霧社出草歌	吳新榮
啥儂料想三月會做大水	吳新榮
海邊	王寶星
目屎佮血所染兮紅花	王寶星
思念	王寶星
黃昏後	王寶星
濃影伴孤燈〈詩寫花蓮張七郎夫人〉	黃勁連
牛道是牛	黃勁連
將軍	黃勁連
老司機	莊柏林
本尊	莊柏林
第一屆鹿耳門台灣文學營	林玉山

卒業	藍淑貞
雜詩兩首 （一）佚陶有感 （二）教冊生活	藍淑貞
無題	陳太平
樹頭愛徛乎在	董峰政
蕃薯仔兮心聲告白	胡民祥
篇名	作者
兩種夢	清河
蕃麥兩首 （一）買番麥 （二）和湘雅番麥詩	黃湘雅・王宗傑
再和蕃麥詩 之一、之二	董峰政
台灣儂兮責任	陳泰然
悼璧輝——我兮叔伯兄哥	王宗傑
仰望	王宗傑
半暝	王宗傑
傷痕	王宗傑
想我細漢兮同窗	王宗傑
鹿耳門海風	林央敏
愛別離苦頌	八十老翁秀姑巒
田嬰	謝安通
悼二二八　五十週年	鹿耳門漁夫（台灣七字仔大師之稱）
台南是我徛起兮所在	李惠玲
五月節	棕色果
送作堆《賀鴻鳴、秀枝新婚》	棕色果
去聯合國抗議	林宗源
古都夜雨	林宗源

輯二 / 台語散文	
回鄉偶書（1990.11.10 發表佇台灣時報副刊；1995.3.22 以台文重寫）	黃勁連
廈門來批	陳勁之
回陳勁之先生兮批	黃勁連
祭母文	藍淑貞
金針花出牆來	胡民祥
台語文學兮心事	胡民祥
台灣諺語佇「服務業」兮啓示	董峰政
懷念阿母	洪惟仁
七字仔史詩——序鹿耳門漁夫臺灣史詩	施炳華
台語兮水	黃勁連

《菅芒花詩刊心悶》

篇　　名	作　者
文學兮台語，台語兮文學	黃勁連
輯一 / 台語詩	
心悶——互無緣兮小妹雲珠	黃勁連
阮是作穡儂	黃勁連
鞋破底原在	黃勁連
天光矣	黃勁連
地理仙仔講	黃勁連
時常	黃勁連
主啊，汝若來台灣	黃勁連
海底針	莊柏林
渡鳥	莊柏林
淡水河塊落雨	莊柏林
目睭塊落雨	莊柏林
白娘情（歌詩）	莊柏林

失業兮心情	龔顯榮
大哥大	陳泰然
一年之計	陳泰然
一个連體嬰仔~時鐘	陳泰然
路燈	王宗傑
天直卜光	王宗傑
北門嶼之歌	王宗傑
臺語讀冊來作伴	王宗傑
「一個心適兮所在」並序	王宗傑
中華民族	清河
土地公廟仔	王宗傑
囡仔放屁	王宗傑
緣起緣滅	藍淑貞
想我細漢兮時	藍淑貞
想卜去看海	藍淑貞
感情即條路	藍淑貞
祭	藍淑貞
台語讀書會	藍淑貞
思念阿母	藍淑貞
失根兮菅芒花	藍淑貞
台灣兮媽媽	藍淑貞
偉大兮領袖	清河
中原	清河
變黃兮日記	蔡享哲
阮若看著三輦車	許正勳
布袋戲	許正勳
石榴開花	許正勳
七彩虹	許正勳
唯國中亂起	許正勳

台灣三部曲	許正勳
南國哀歌——悼霧社事件	賴和（迦寧台譯）
新樂府	賴和（黃湘雅整理）
農民謠	賴和（黃湘雅整理）
阮兜徛佇荣寮社	黃金汾
輯二／台語散文	
語言分傷害	黃勁連
傳播臺語文學種籽——「台灣歌詩之夜」今卜行社區	王宗傑
互勁連分批	胡民祥
互阿嘉分批	黃勁連
台灣文化	吳鳳珠
「菅芒花開」酒會綵排	吳鳳珠
心靈分地下室	清河
我分故鄉店佇~下營	周東和
輯三／文學評論	
臺灣話佮臺語文學	施炳華

《菅芒花詩刊阿福分風吹》

篇　　名	作　者
正港分菅芒花	董峰政
台語佮台灣分語言	許正勳台譯
台灣儂佮台灣話	陳泰然
輯一／台語詩	
阿福也分風吹	陳泰然
台南扒龍船	陳泰然
阿福分荣市	陳泰然
蜂分哲學	陳泰然
慶端午	陳泰然
流蘇	莊柏林
玉蘭	莊柏林

鹿耳門佫再來	莊柏林
傷心嶺	莊柏林
樹林之歌	莊柏林
食兮文化	黃勁連
暗香浮動兮黃昏	黃勁連
漂泊兮心情	黃勁連
天公伯也我問汝	黃勁連
阿母兮一生	藍淑貞
心曲	藍淑貞
月眉	藍淑貞
台南好城市	藍淑貞
運河思情	藍淑貞
轉去厝兮路哪會赫爾遠	藍淑貞
父母恩	董峰政
田無溝水無流	董峰政
海口食番薯	許正勳
最後兮潟湖	許正勳
永遠兮白鴿鷥	許正勳
老樹敗頭	許正勳
祖先兮話	王宗傑
疼惜	王宗傑
開山路松仔跤	王宗傑
阿母，汝無乖	方耀乾
病院兮路哪會跡爾遠	方耀乾
阮阿母是太空儂	方耀乾
春天佗位去	方耀乾
屈原過台灣	方耀乾
希望	蔡享哲
阿爸兮恩情	周定邦

卜做台灣儂唔做台灣牛	周定邦
人生	周定邦
起厝兮工儂	周定邦
魔神仔兮世界	周定邦
一个中國	張清河
宋悟空	張清河
阿母兮話	黃金汾
放風吹	黃金汾
教囡	黃金汾
軟弱兮查某儂	黃金汾
這敢是運命	黃金汾
曠闊兮大海	郭水潭
向棺柴哀哭	郭水潭
暖霧開花	郭水潭
廁所風情畫	郭水潭
運河兮歲月	鄭妹珠
運河邊思屈原	張濡月
思念	陳正雄
戀愛府城	陳正雄
只有汝府城	陳正雄
人生	林龍山
懷舊	林龍山
輯二／台語散文	
行出母語失落兮悲哀	藍淑貞
卜安怎做一個府城兮文化市長	蔡玉仙
八十六學年度市長對畢業生兮賀詞	蔡玉仙
挲圓仔湯兮語意佮語源兮稽考	黃文政
想起細漢時	黃宜洽
互勁連兮批	胡民祥
回胡民祥兮批	黃勁連

《菅芒花詩刊革新號第一期》

篇　　名	作　者
詩評論	
甘佮蜜的真情——讀方耀乾的詩	張春凰
詩	
台灣人的悲願	柯旗化
情花	林宗源
情火	林宗源
情慾	林宗源
情結	林宗源
情鎖	林宗源
情痴	林宗源
情夢	林宗源
情墓	林宗源
思念阿母	藍淑貞
磨仔心	藍淑貞
問	藍淑貞
問古梅樹	藍淑貞
培墓	藍淑貞
自汝出世	藍淑貞
人生	藍淑貞
鹿港小鎮	藍淑貞
吉貝的暗暝	藍淑貞
招魂	藍淑貞
曝鹽	許正勳
盡看鹿耳門	許正勳
數念	許正勳
播粟仔	許正勳
運河春夢	許正勳
文旦柚	許正勳
焢窯仔	許正勳
阿扁仔坐位	許正勳

月光下	黃金汾
心內的詩句	黃金汾
四季的風	黃金汾
思情	黃金汾
哀愁的黃金海岸	黃金汾
台灣徛起來	謝安通
魚香失落的版圖	謝安通
昨暝汝對我起笑	洪錦田
稻草人仔	洪錦田
雲，汝敢會足喙礁的	洪錦田
偷渡客	洪錦田
蝴蝶夢醒	陳昭誠
阿爸醉囉	陳昭誠
台灣王爺	李勤岸
形佮影	李勤岸
Thang 過 228 烏洞	李勤岸
魚若翻身	李勤岸
憤怒	李勤岸
苦勸	李勤岸
牽手情	董峰政
歡喜的心	董峰政
用歌聲來數念伊的一生	董峰政
番薯厝 5 號	董峰政
跋繳的運動埕	董峰政
電話傲了的目屎	董峰政
民主毋是口號	董峰政
失業的悲情	董峰政
甘露眞情愛	楊照陽
予阮死	曾明泉
怪手哀歌	曾明泉
流浪漢	曾明泉
盆栽	曾明泉

悟	曾明泉
烏龜	曾明泉
停電	曾明泉
散步	曾明泉
寫詩的暗暝	曾明泉
獨裁者	曾明泉
南瀛之歌	周定邦
土地咧叫我	周定邦
經營之神	周定邦
台灣人的骨氣	周定邦
琴聲若起	周定邦
變天	周定邦
無題	周定邦
日頭東時才會照入窗	周定邦
商場浮沈	周定邦
失業的心情	周定邦
南國的勇者	周定邦
汝來看我——夜讀《郭水潭集》	方耀乾
吳新榮倒轉來	方耀乾
楊逵的奶水	方耀乾
向望透南風	方耀乾
走揣家己	方耀乾
斑芝花	方耀乾
查某囡的國語考卷	方耀乾
南方的鳳凰花，向前行——予涵	方耀乾
二月的向陽山	陳正雄
行過急水溪	陳正雄
曾文溪	陳正雄
咱來去——予寧兒	陳正雄
想阮細漢時——予欣兒	陳正雄
雨後的嘉南平原	陳正雄
阿爸的心事	陳正雄

阿母的一生	陳正雄
田園的夢	陳正雄
仝款的島嶼	陳正雄
這號做資本主義	陳金順
烏面撬杯	陳金順
口胃力	陳金順
潛在的誠意	陳金順
文學無死？	陳金順
台灣佛的悲哀	陳潔民
四大的思考	陳潔民

《菅芒花詩刊革新號第二期——林宗源專號》

篇　　　名	作　者
林宗源專訪	
大寒凍 be 死的日日春——林宗源專訪	方耀乾
林宗源專論	
理想世界的探索者——台語詩之父林宗源論	江天
林宗源「愛佮性」詩專輯	
汝有看著愛無	林宗源
汝有感覺無	林宗源
汝食電誠傷重	林宗源
醉醉的愛	林宗源
走揣意愛的插座	林宗源
恁誠害	林宗源
穿雨衣的愛	林宗源
舌的舞蹈（二）	林宗源
舞佇床頂的酒神	林宗源
門開滿天的春色	林宗源
詩評	
歷史認知佮詩意建構	郭楓
一本「聲音之美」的詩集	董峰政
歷史捌佇台南咧撐渡	方耀乾

台語最新詩代（2000～）	
第一張大頭相	胡長松（1973～）
有時爸爸佇夢中	胡長松（1973～）
我有聽見汝唱雨夜花	胡長松（1973～）
一奇（Kha）鳥籠仔	吳麗卿（1956～）
田塗的滋味	吳麗卿（1956～）
無常四葩	福爾卡庫（1958～）
欲共汝講	呂絹鳳（1951～）
檳榔西施	呂絹鳳（1951～）
烏魚大出的時	呂絹鳳（1951～）
故鄉的蓮花	程鐵翼（1964～）
牽手情	胡明珠（1949～）
激一甕酒	曾譯瑤（1967～）
溫泉的滋味	陳蕙芬（1976～）
進步	陳蕙芬（1976～）
門	林淑鈴（1964～）
世界詩壇推介	
反對非力波・蠟勤寫的詩	米洛茲（CzeslawMilosz，1911~）／宋澤萊譯
意義	米洛茲（CzeslawMilosz，1911~）／宋澤萊譯
一個詩人的死亡	米洛茲（CzeslawMilosz，1911~）／宋澤萊譯
新詩	
鄉愁短歌兩首	莊柏林（1932～）
花	莊柏林（1932～）
生命	吳鉤（1942～）
我愛汝——寫予 Ph.H.	吳鉤（1942～）
矛盾	胡民祥（1943～）
有效期限	藍淑貞（1946～）

愛的絲仔線	藍淑貞（1946～）
茶味	藍淑貞（1946～）
永遠相隨	藍淑貞（1946～）
白頭毛	藍淑貞（1946～）
我想	黃金汾（1946～）
斑芝花	黃金汾（1946～）
念	黃金汾（1946～）
鳥面舞者	許正勳（1946～）
台江	許正勳（1946～）
火車咧走	許正勳（1946～）
寒天的暗暝	許正勳（1946～）
娘佮 Kan	許正勳（1946～）
戰地	許正勳（1946～）
思念父親	宜美麗（1948～）
履歷	洪錦田（1949～）
火燒車頭	洪錦田（1949～）
寫秋	洪錦田（1949～）
神秘檔案	洪錦田（1949～）
清彩的──工	洪錦田（1949～）
無停咧走揣出路	楊照陽（1954～）
在詩之鄉	黃徙（1954～）
永遠的在地人	董峰政（1954～）
胭脂淚（節錄）	林央敏（1955～）
乾杯	周定邦（1958～）
虼蚻 （Ka-cuah） 佮人的對話	周定邦（1958～）
斑芝花開	周定邦（1958～）
童年	周定邦（1958～）
火金姑來相揣	周定邦（1958～）
洗浴	周定邦（1958～）

福爾摩莎短歌	方耀乾（1959～）
佮沈光文夜談	方耀乾（1959～）
解嚴	陳正雄（1962～）
盆栽	陳正雄（1962～）
日記	陳正雄（1962～）
選舉	陳正雄（1962～）
石頭	陳正雄（1962～）
馬卡道（Ma-Khah-tauh）路	鄭雅怡（1963～）
白色的紙風吹	王貞文（1965～）
粉茄色的秋天	王貞文（1965～）
大輪車之戀	陳金順（1966～）
半暝一點四十五	陳金順（1966～）
散步行網路	陳金順（1966～）
永久愛人	陳金順（1966～）
明星相片	陳金順（1966～）
藍色的	林姿伶（1967～）
柴山的下晡時	林姿伶（1967～）
我毋捌看見汝的珠淚	陳潔民（1970～）
落葉（節錄）	李長青（1975～）

《菅芒花詩刊革新號第三期——林央敏專號》

篇　　名	作　者
林央敏專訪	
一粒不斷超越自我的文學良心	方耀乾
讀「汝」這本冊——我讀林央敏的台語詩	呂美親
林央敏的詩	
水蛙吟	林央敏
玻璃碎死	林央敏
重陽節記事	林央敏
詩的花園	

現代詩	
溫習	陳潔民
苦楝樹	程鐵翼
青春舞曲（節錄）	張碧霞
水邊 ê 曼波	胡長松
囡仔 ê 卡拉 OK	胡長松
Peh 面天山	福爾卡庫
Sars 汝有夠毒	藍淑貞
請叫出我的名	藍淑貞
鄉愁短歌三首	莊柏林
漳州	莊柏林
南市古都	林龍山
野草嘆	林龍山
阿爸參腳踏車發性地	李勤岸
Ka 阿爸做通譯	李勤岸
停電 ê 時陣	李勤岸
阿爸會曉講白賊	李勤岸
阿爸做台語老師	李勤岸
阿爸 ê 遺傳	李勤岸
阿爸 beh 轉來厝裡	李勤岸
七字仔詩	A-hi
牛的祖譜	A-hi
離開故鄉是為著卜走揣故鄉分座標	方耀乾
汝佮我手牽手	陳正雄
柴山營區 thai 人事件	周定邦
油桐花開	周定邦
Ui 鹽鄉 puh-i	周定邦
六年來 ê 旅程，歸根佇南國	吳惠燕
囡仔詩	
我行過的台文經驗	楊照陽
白鴒鷥	黃勁連
雷公歹聲嗽	黃勁連

圳仔水恬恬仔流	黃勁連
美蝶仔	黃勁連
加阿爸儔趁錢	陳昭誠
落雨天	吳嘉芬
散文天地	
往事親像昨暝的眠夢	林宗源
有台灣文學觀的陳文成	胡民祥
六月初四的公園	胡民祥
淡薄仔春光	陳金順
家己 thai 趁腹內	李南橫
阿母婚禮的小拜堂	王貞文（譯）
父會張犁，囝會鑿腰椵（khe）	朱奕爵
台語講古——七爺八爺的由來	朱奕爵
白肚仔	藍淑貞
南寮鹽村紀實	程鐵翼
情字即條路	黃阿惠
坐火車，看風景	吳嘉芬
語言論壇	
台語常用詞彙"好額"諧音用字的檢討	黃文政

《菅芒花詩刊革新號第四期——莊柏林專號》

篇　　名	作　者
莊柏林專訪	
將金針度人——莊柏林專訪過程記錄	方耀乾
欲用母語歌詩做文化獨立宣言——莊柏林專訪	方耀乾
莊柏林重要詩作	
苦楝若開花	莊柏林
郡王牽著我的手	莊柏林
火光的邏輯	莊柏林
火鳳凰	莊柏林
歌不成歌	莊柏林

台語文學雜誌專輯	
枝葉代代湠、唔驚落塗爛——談蕃薯詩社佮《蕃薯詩刊》	林芷琪
台語文推展協會種《茄苳》	林央敏
《台文 BONG 報》ê 成長 kap 方向	廖瑞明
風佇秋天披種——介紹《菅芒花詩刊》佮《菅芒花台語文學》	周定邦
夜空恬靜一流星——《島鄉台語文學》二三事	陳金順
評論	
拍拼吐詩的蜘蛛——欣賞錦連〈順風旗〉	周華斌
現代詩	
Ilha Formosa！	周定邦
行入國家台灣文學館	周定邦
秋	周定邦
來流浪啦！月琴！	周定邦
思念	周定邦
瀑布	李勤岸
我用母語寫詩	李勤岸
殉情	李勤岸
飛煙	李勤岸
對照	李勤岸
美加兩國論	李勤岸
戀愛	李勤岸
霧中少女	李勤岸
裸女淋浴圖	李勤岸
虹橋	李勤岸
老兵	藍淑貞
我的心	藍淑貞
蟬、禪	藍淑貞
阮二姊	陳雷
看金字塔，我 m 免死	陳雷
秋話	林文平
讀山	林文平

相遇佇未來	楸庵
跳舞時代	葉國基
葉 á	張秀滿
疼汝	林淑美
海洋的歌	康原
二仁溪	程鐵翼
重逢	程鐵翼
甕仔	程鐵翼
故鄉	黃盈華
鳳凰花開 ê 台灣六月天	For-Khahkhuh
赤查某又一首	A-hi
無人兮海邊	李長青
南島手記	陳正雄
Siraya 俳句	方耀乾
台灣是阮的故鄉	方耀乾
故鄉是載我轉去祖靈的禮車	方耀乾
秋收	方耀乾
倚靠	方耀乾
桃花心木之舞	方耀乾
散文	
阮的跤跡印佇府城的街路	劉克全
火金姑來照路	林央敏
彼工，風微微	陳金順
我是好人	林龍山
小說	
一蕊紅	林央敏
只要放伊出來	胡長松
翻譯	
T.S.艾略特原作：拋荒地（The Waste Land）	林央敏翻譯
文字論壇	
亂挨亂唱的「華音台語字」！	李南衡
探討台語「tu-ciah」「thau-tu-a」「tu-a-ciah」用字	黃文政

《菅芒花詩刊革新號第五期——菅芒花詩人群專號》

篇　　名	作　者
菅芒花詩刊專論	
寂寞，或是鬧熱的花園——《菅芒花》詩刊的文學實踐 kah 內涵試論	施俊州
菅芒花詩人群專論	
台語文學運動的推手——黃勁連	許献平
用深情釀造的女兒紅——淺論藍淑貞的詩	方耀乾
書寫鄉親、呵咾鄉土——淺論許正勳的文學	許献平
唸歌「貓王」——淺論周定邦	許献平
佇南瀛星空犁詩的方耀乾	許献平
寫予故鄉的情歌——淺論陳正雄的詩	方耀乾

《菅芒花詩刊第十二期——台灣野百合》

篇　　名	作　者
詩論	
綿綿勁連之夢	胡民祥
台語的火車頭——黃勁連	藍淑貞
七字仔史詩序文	施炳華
論七字仔大師——鹿耳門漁夫	藍淑貞
台語現代詩頁	
胡民祥三行詩	胡民祥
殉狗輝仔	林央敏
塗豆的歌	黃勁連
沈悶的聲	黃勁連
死亡獨霸四方	黃勁連
思想者	曾明泉
宗教二首：1.流浪漢　2.脫奶舞	曾明泉
運動三首：1.仰臥起坐　2.伏地挺身　3.扭單槓	曾明泉
悟	曾明泉
褪殼南渡四帖	黃文博
放心	黃文博

褪殼	黃文博
氣味	黃文博
歇跤	黃文博
眷村	藍淑貞
拍賣青春	藍淑貞
野百合	藍淑貞
柚子花	藍淑貞
醉相思	藍淑貞
月下吟唱	江嵐（客語詩）
等你出現	江嵐（客語詩）
新秀詩頁	
美麗的堅持	張翠苓
人生一剎那	張翠苓
半爿月娘	張翠苓
秋天下晡時	張翠苓
秋心雜思	張翠苓
天星七首	劉克全
告白	程鐵翼
眞心	程鐵翼
人堯心	程鐵翼
觸動	程鐵翼
你恬恬靜靜去──送予敬愛的鐘榮三居士	許立昌
五月油桐花	許立昌
泡茶	吳嘉芬
秋意	吳嘉芬
七字仔詩	吳嘉芬
大林夢斷	林滿足
看見滿山油桐花	林滿足
煙火情	林滿足
疼惜二二八	林滿足
睏袂去	林淑美
等待	林淑美
跳舞	黃阿惠

歌	莊桂英
春遊	薛錦燕
勸世詩	薛錦燕
抒懷	薛錦燕
籠中鳥	薛錦燕
囡仔歌之頁	
大樹跤	黃榮泰
踅海垵	黃榮泰
思念阿母——寫單親囡仔的心聲	黃榮泰
荔枝	吳炎坤
電視機	吳炎坤
箍仔粿	王瑞珠
五分仔車	王瑞珠
柑仔	王錦芬
乒乓	王錦芬
田嬰	潘雪惠
雞公（角）	潘雪惠
枝仔冰	黃億萱
月娘	黃億萱
阿母的話	陳珮芳
金門詩頁	
安嬤仔的跤步	陳為信
阿婆的鏡台櫥	陳為信
月尾橋的水	陳為信
成長的甘甜	陳為信
細漢街路（觀音亭街）	許維民
四月十二城隍生	許維權
想囝的心	吳明治
路燈	薛素蓮
襖紗衫	蔡珊珊
坐飛行機去台灣	張玲芳
金門四季謠	許美玲

散文之頁	
監牢的印象	康原
仙女下凡到人間	蔡清林
我的時錶	周鳳珠
學堂邊的風獅爺	黃彩戀
阿媽！我腹肚枵	陳秋桂
mai-ku	張彩雲

《菅芒花台語文學》第 1～4 集目次索引

菅芒花台語文學創刊號

篇　　名	作　者
創刊詞	顏惠山
接續台語文學兮香火	施炳華
阮兮四個宗旨佮四個主張	方耀乾
台語專欄：「共」、「佮」、「甲」兮用法	施炳華
褒歌欣賞佮導讀：〈半暝月娘〉	董峰政
現代詩	
通緝公告	王宗傑
秋戀	藍淑貞
汝是我兮愛	許正勳
青鯤鯓兮鹽埕	周定邦
殘生	林龍山
春天	黃金汾
敲到美國兮迄通電話	董峰政
人生	方耀乾
一府二鹿三艋舺	陳正雄
散文	
拜訪蓮花鄉	藍淑貞
小鳥狗	黃阿惠

七字仔整理	
社會教化唸歌	黃文政整理
人心不知足唸歌	黃文政整理
演講稿	
卜安怎做一個府城兮文化市長	許正勳
活動回顧	
回顧一九九八年	

菅芒花台語文學第二期

篇　　　名	作　　　者
評論空間	
賴和文學語言的辨證	胡民祥
反帝、反殖民拼圖：論賴和的事件詩	方耀乾
語言論壇	
談「無處講」「處」的音義	施炳華
我對台語文字佮音標整合的看法	周定邦
詩的花園	
補藥酒	林文平
阿母的手	陳明雄
阿爸醉咯	陳昭誠
老樹悲歌	陳正雄
柳枝	黃金汾
曇花外一首	戴錦綢
想起迄時陣	林龍山
民主的寵兒、蕃薯仔的傳奇	張清河
阮查某囝	陳敏
內傷外一首	陳潔民
瘦猴仔的心聲	吳仲堯
許縣溪的悲歌	董峰政
無偌遠的山崙	許正勳
夜宿北港溪公園山莊	藍淑貞
回鄉啦！渡鳥	周定邦

篇　名	作　者
落西北雨上班的機車士外一首	方耀乾
導讀之窗	
日本俳句欣賞	黃文政
褒歌欣賞	董峰政
散文天地	
竹籬笆的春天	藍淑貞
覺醒	許正勳
伊	陳金順
新根佮揣根	楊照陽
麵店仔的頭家娘	黃阿惠

菅芒花台語文學第三期

篇　名	作　者
專論	
閩南語的形成佮佇台灣的發展	周長楫演講蔡享哲整理
夫妻路・牽手情——序〈予牽手的情話〉	葉笛
語言論壇	
釋「塊」	施炳華
為「台語」正名	董峰政
921 地震詩專輯	
斷索的搖笱	許正勳
咱愛閣徛起	蔡享哲
塗牛翻身	藍淑貞
劫數	藍淑貞
劫數之 2	藍淑貞
悼九二一	林龍山
扑斷手骨顛倒勇	黃金汾
921 大地動	黃金汾
難忘九二一大地動	葉秀惠
九二一學	曾明泉
再會啦！FORMOSA	周定邦
台灣無時行流目屎	方耀乾

散文天地	
心在，氣在，人在，國家就會「在」	李清澤
臨時俳優導演夢	陳金順
豬油攪飯的滋味	藍淑貞
多桑	張清河
趣味的往事見聞	黃文政
勇者的形象	黃阿惠
人生路	林龍山
阮阿爸	蔡玉仙
北風透過番麥園	許正勳
帶查某囡去動物園	周定邦
陳情表	方耀乾
詩的花園	
烏枋佮粉筆的對話	林文平
除非死別	陳潔民
落葉——送退休的人	曾明泉
鴟	粘家財
香火	蔡有君
一部分	張清河
摸海仔	許正勳
耳真雷公	黃金汾
臆一字・曾文溪口之戀	吳仲堯
阿媽的身分	董峰政
牽汝的手入夢	蔡孟宗
行路難	陳正雄
勞工悲曲	周定邦
向望透南風	方耀乾
導讀之窗	
阿君卜轉	董峰政
六月茉莉	方耀乾
俗語導讀一	吳炎坤
俗語導讀二	莊錦秀
日本俳句台譯	黃文政

民間文學採集	
楊榮失妻記	周定邦採錄
台語文學的學期報告	
由搖囡仔歌來論天下父母成囝仔的心情	洪淑瑗
結婚時講好話——惟賀語看民間對婚姻的向望	劉英孜
台灣笑詼	
有佮無	董峰政

菅芒花台語文學第四期

篇　　名	作　　者
一、詩的花園	
兵馬俑過台灣	方耀乾
黑松汽水	林文平
四季唯寂寞盛開	陳潔民
伊的聲音	陳潔民
一粒眞心	陳潔民
府城進行曲	陳正雄
春天 ê 跤步	陳金順
Ireland 咖啡	陳金順
詩芳罩向 2000 年	洪錦田
用鐵馬練身體	洪錦田
碧潭邊的古樹	洪錦田
港口日出	胡長松
元宵暝	黃金汾
烏面舞者	許正勳
烏色的夢	許正勳
細膩	李國肇
一本手指簿	林明堃
鹽水街	林明堃
暗光鳥	一七絃
煙火	曾明泉

鬧鐘	曾明泉
齒膏	曾明泉
想厝的鳥仔	方耀乾
風吹	林芳仕
寂寞的春天	陳義雄
無題	阿芬
幸福	胡明珠
夢著阿娘	陳麗珍
話據在人講	董峰政
扶挺的滋味	董峰政
日記	周定邦
二、散文園地	
秋桂也	黃阿惠
講予晚輩的一句話	黃文政
黃色的花海	許正勳
阮兜迄隻貓	洞天
熟肉袂做得枕頭	楊照陽
痟鬼仔殼佮白賊話	阿俊
福氣	林滿足
我的同學~李安	劉克全
越頭看二十冬的跤跡	玉君兒
天公仔囝	張美燕
接近台灣	念台
初學台語文的感想	林三桂
三、小說	
攏是飛龍機惹的禍	洪錦田
四、七字仔	
賴和的故事	吳現山
集集大地動台灣人的故事	吳現山
府城媽祖文化節	黃金汾
南部秋天的田園	林滿足
檳榔西施	郭昭旻

五、台文天地	
論台語口語中的「hoo」	黃文政
台語的雙聲道	董峰政
六、歌謠創作	
來講『烏面撓杯』	張浚欽
囡仔歌四首	周定邦
七、人物專訪	
專訪方耀乾老師——台語文學的疊磚仔師	黃彩如等
八、答喙鼓	
台灣歌謠蓮花化身	董峰政